天津联通法律案例及风险应对措施汇编

天津联通法律与风险管理部　关蕊
天津天正律师事务所　杨欣
编著

南开大学出版社
天　津

图书在版编目(CIP)数据

天津联通法律案例及风险应对措施汇编 / 关蕊，杨欣编著.—天津：南开大学出版社，2016.12
ISBN 978-7-310-05285-1

Ⅰ.①天… Ⅱ.①关… ②杨… Ⅲ.①电信—法律—中国 Ⅳ.①D922.296

中国版本图书馆 CIP 数据核字(2016)第 308126 号

南开大学出版社出版发行
出版人：刘立松
地址：天津市南开区卫津路 94 号　　邮政编码：300071
营销部电话：(022)23508339　23500755
营销部传真：(022)23508542　　邮购部电话：(022)23502200
*
唐山新苑印务有限公司印刷
全国各地新华书店经销
*
2016 年 12 月第 1 版　　2016 年 12 月第 1 次印刷
260×185 毫米　16 开本　7.25 印张　74 千字
定价：20.00 元

如遇图书印装质量问题，请与本社营销部联系调换，电话：(022)23507125

序

市场经济是法制经济。

通信行业经过深入改革已经全面走向市场。市场经济的发展规律、游戏规则毫不例外地作用于我们企业。可以说通信企业在市场发展竞争中的一切行为都是法律行为,企业的各种关系都会受到法律约束。因此,企业在不断发展提升的同时必须强化企业的法制建设。

近年来,我们企业的法制建设取得了不小的成绩。坚持不懈的"普法"教育极大地提高了企业员工的法律素质,以总法律顾问为核心的法律顾问队伍正在全面实现专职化,法律管理水平和管理效能显著提升。成绩的取得本身就是对企业法制建设必要性和重要性的充分肯定。

党的十八届四中全会作出全面推进依法治国的重大战略决策,明确要求"坚持法治国家、法治政府、法治社会一体建设",对中央企业进一步提升依法治企能力提出了新任务和新要求。在这种形势下,通信企业仍须进一步提升合规管理能力和依法治企能力,进一步提升领导干部法治思维和法治能力,为公司改革发展、做强做优提供更加坚实的法律支撑和保障。

据此,天津联通公司安排人力组织编写了《天津联通法律案例及风险应对措施汇编》,旨在促进法制宣传教育工作,将风险预警关口前移,加强事前、事中控制。望公司各类人员能认真学习研究,不断提高全员法律素质水平,不断增强处理法律事务能力,确保企业健康持续发展。

天津联通总经理

中国联通法律与风险管理部总经理

二〇一六年十二月

目 录

第一卷 民事侵权纠纷

第二卷 相邻权纠纷

第三卷 电信服务纠纷

第四卷 合 同 纠 纷

第五卷　人力资源纠纷

第六卷　交通事故纠纷

第七卷　涉嫌违法犯罪行为

附　录

第一卷 民事侵权纠纷

案例一

第三方行为引发侵权纠纷案

案情简介

2010 年 6 月 20 日夜，某电信公司设在其区工业园门前的通信线缆被路过的大型车拖挂,线杆倾倒后造成工业园 A 厂的变压器损坏。分公司及时报警,但肇事车辆(即侵权的第三方)逃逸,截至该案审结前仍未找到肇事车辆。

事后 A 厂向所在地法院提起民事诉讼,要求某电信公司给付包括变压器维修费、停产合同违约损失等在内的共计 15.1 万元赔偿金。

诉讼中,某电信公司抗辩称,造成损害的侵权行为是超高大货车引发的交通事故。原告的损失不是由电信公司造成的,而电信公司在该事故中同样是受损害人,且损失同样非常大。原告在事发后阻止电信公司对受损线缆进行修复,导致故障线路长时间不能恢复通话,给电信公司带来了巨大的经济和商誉损失,电信公司保留对原告主张赔偿的权利。

法院经审理认为，侵权责任构成包括四个要件，即损害事实、侵害行为、损害事实和损害行为之间的因果关系及行为人过错。该案侵权行为非被告所为，且原告无证据证明被告对该行为存在过错，故一审判决驳回原告的全部诉讼请求。

原告不服，上诉至天津市第一中级人民法院。二审法院审理认为原告没有证据证明被告实施了侵权行为，原告主张被告线缆未达到规定高度的主张亦无证据支持，遂判决驳回上诉，维持原判。

案例评析

本案属第三方侵权引发的财产损害争议案。

针对第三人，即诉讼原告、被告之外第三方造成了原告损害的发生或者扩大而可以免除或者减少被告赔偿责任的情况，《侵权责任法》进行了明确的规定。结合上述案例，就该问题进行浅析。

一、第三方侵权行为定义

由于第三方的原因，是指原告、被告之外的第三人造成了原告损害的发生或者扩大而不论第三方是否具有过错的情形。其特征为：第三方与被告之间不存在共同过错，既无共同故意，也无共同过失。第三方的过错可以免除或者减轻被告的责任。

二、免责的效力

《侵权责任法》第二十八条规定："损害是因第三人造成的，第三人应当承担侵权责任。"

上述条款属于因第三方原因免责事由的一般规定，在一些分则的特别规定里，第三方的原因可能也不能作为免责事由，具体为以下三种情况。

1. 第三方的原因导致侵害人完全免责

《侵权责任法》第八十六条规定："建筑物、构筑物或者其他设施倒塌造成他人损害的，由建设单位与施工单位承担连带责任。建设单位、施工单位赔偿后，有其他责任人的，有权向其他责任人追偿。

因其他责任人的原因，建筑物、构筑物或者其他设施倒塌造成他人损害的，由其他责任人承担侵权责任。"

2. 在侵害人与第三方之间建立不真正连带责任

即受害人可以选择侵害人或者第三方中的一人承担责任，侵害人承担责任后再向第三人追偿，如此规定使侵害人与第三方之间形成了不真正的连带之债。

上述内容包含在以下三个条文中。

(1)《侵权责任法》第五十九条规定：因药品、消毒药剂、医疗器械的缺陷，或者输入不合格的血液造成患者损害的，患者可以向生产者或者血液提供机构请求赔偿，也可以向医疗机构请求赔偿。患者向医疗机构请求赔偿的，医疗机构赔偿后，有权向负有责任的生产者或者血液提供机构追偿。

(2)《侵权责任法》第六十八条规定：因第三人的过错污染环境造成损害的，被侵权人可以向污染者请求赔偿，也可以向第三人请求赔偿。污染者赔偿后，有权向第三人追偿。

(3)《侵权责任法》第八十三条规定：因第三人的过错致使动物造成他人损害的，被侵权人可以向动物饲养人或者管理人请求赔偿,也可以向第三人请求赔偿。动物饲养人或者管理人赔偿后,有权向第三人追偿。

3. 侵害人不能免责

《侵权责任法》还有规定第三方并不直接面对受害人承担责任,只有侵害人对受害人承担责任,而后再向第三方追偿的情形。

上述内容包含在以下三个条文中。

(1)《侵权责任法》第四十四条规定:因运输者、仓储者等第三人的过错使产品存在缺陷,造成他人损害的,产品的生产者、销售者赔偿后,有权向第三人追偿。

(2)《侵权责任法》第八十五条规定:建筑物、构筑物或者其他设施及其搁置物、悬挂物发生脱落、坠落造成他人损害,所有人、管理人或者使用人不能证明自己没有过错的,应当承担侵权责任。

(3)《侵权责任法》第八十六条第一款规定:建筑物、构筑物或者其他设施倒塌造成他人损害的,由建设单位与施工单位承担连带责任。

应诉技巧

一、事故发生后的第一时间应当进行现场勘验

无论是交通事故现场,还是财产损害现场,距离事故发生的时间越近,则越接近可以认定的事实。所以,当电信公司综合部、安保、网络维护部等职能单位接到事故当事人、110民警、交警等通知时,第一时间要做的事就是立即赶赴事故现场,并利用一切可以利用的手段留取现场影像证据,争取

还原事故的来龙去脉。所有勘验取得的证据保存十分重要，将可以作为今后争议纠纷的有力证据。

二、来自各方的问询笔录

电信公司综合部、安保、网络维护部等职能单位在处理事故时，代表的是单位。因此，当接受110民警、交警等问询时，应当谨言慎行，不知如何应对时，应与公司法律员进行沟通。必要时，分公司应与公司法务部进行沟通。原则上，既应尊重事实，又应最大程度地维护公司的合法利益。因为，该等询问笔录将作为今后民事诉讼的证据之一。

三、后期事故处理过程中遇到的突发事件及应对

本案中，原告在事发后阻止电信公司对受损线缆进行修复，导致故障线路长时间不能恢复通话。分公司网络维护人员或委托第三方对事实受损线路进行抢修时，如遇任何当事人阻止，分公司应当立即书面函告对方，并告知其人为扩大的经济损失必将由责任人承担，电信公司将保留对其主张赔偿的权利。

四、来往函件的送达方式

在处理事故中，如需要向对方送达信函，首选通过特快专递的方式送达，并保留特快专递单据。直接送达当事人时，需要对方签字确认已收取，对方拒绝签收时，同行人员应保留影像证据。

管理建议

网络运维案件在电信公司的诉讼案件中占有很大比例，主要是因窨井井盖破损丢失、线杆折断、线缆低垂等原因造成的人身、财产损害案件。此类案件的起因除了公司自身维护失职导致损坏设备长时间无人修复以外,其他情形多为第三方对电信公司网络设施实施侵权行为后又造成他人人身、财产损害。

对于该类诉讼电信公司通常很难全身而退,无论是否尽到维护义务,法院在无法查找实施侵权行为第三方的情况下,更加倾向于以电信公司作为窨井、线杆、线缆的管理人未尽到管理维护义务为由判令电信公司承担全部或者部分赔偿责任。

而本案的胜诉给我们在今后处理同类情况时提供了一些可行的应对方式。

一、发现网络设施因他人原因丢失、损害的,立即报警。

发现了有窨井井盖被盗、线杆被他人损毁等情况,立即报警。用警方的出警记录作为侵害行为是他人所为的有利证据。

二、在作为被告的由第三方行为引发的侵权之诉中强调自已同为受损害方的地位。

在诉讼中强调己方同为共同受害人而非共同侵权人。在网络设施损毁、丢失严重的情况下可以折算具体数额向法院提交,证明己方亦因侵权行为受到严重损害,以取得法官支持,避免或者减少可能支付的赔偿款项。

三、准备好设备维护记录,主张在整个过程中已方不存在过失。

向法庭提交涉案设施的维护记录,证明侵权行为的发生不是因为己方过失直接或者间接导致的。

四、在整个案件处理过程中不给受害方提供对己方不利的证据。

受害方可能为了获得赔偿而阻挠电信公司修复受损设备，在这种情况下公司的各级员工不可迫于障碍修复的压力向受害方提供与事实不符的情况说明书或承诺书。对于阻挠设施修复的行为，可以采取报警、告知阻挠方严重后果等方式解决。

相关法律规定

《中华人民共和国侵权责任法》

第二十八条 损害是因第三人造成的，第三人应当承担侵权责任。

第八十五条 建筑物、构筑物或者其他设施及其搁置物、悬挂物发生脱落、坠落造成他人损害，所有人、管理人或者使用人不能证明自己没有过错的，应当承担侵权责任。

第八十六条 建筑物、构筑物或者其他设施倒塌造成他人损害的，由建设单位与施工单位承担连带责任。建设单位、施工单位赔偿后，有其他责任人的，有权向其他责任人追偿。

因其他责任人的原因，建筑物、构筑物或者其他设施倒塌造成他人损害的，由其他责任人承担侵权责任。

案例二

突发事件及相关民事责任

案情简介

某电信分公司组织代理商赴外地进行商务考察,其中一随团代理商在下榻的酒店中与他人发生口角,进而发生肢体冲突，由于该代理商躲不及外力的作用及自身的健康原因,终导致其死亡。

此后,在人民法院作出的刑事附带民事判决书中对上述代理商的配偶、子女、父母均给予了部分民事赔偿。该商务考察的组织者某电信公司及考察行程的地接单位某旅行社均不是民事赔偿主体,也不承担民事赔偿的责任。

电信分公司出于人道主义参与了上述代理商后事的处理,并花费了十几万元的费用。后死者的父母以老无所养为由继续要求分公司承担几十万元的赔偿责任,且三番五次找分公司领导主张权利。但任何赔偿及补偿均无法律依据,分公司领导陷入困境。

案例评析

本案系意外事件而引发的民事赔偿案。

公司在组织各类集体活动，包括但不限于集体旅游、会议、体育活动等,均应防范意外事故、侵权案件的发生,且应在事故发生或侵权案件发生后，防止和有效地避免公司损失的扩大。这类事故或案件发生的概率也很高，防不胜防，而且后期处理难度大、费用高，所以需要特别防范，或考虑从根本上尽量减少、规避风险，如：与会务公司、旅游公司签订的合同中规定发生这类案件的责任等。

特别是，当公司的员工或利害关系人发生意外事故时，虽然电信公司不是法定的责任人，但也不能对事故采取漠视的态度，也确需尽一定的人道主义义务，但这与真正法律意义上的承担民事责任毕竟还是两回事。法律法规规定的承担民事责任的责任人及责任均有法定的构成要件。在人民法院审理这类案件时的判决中也需对承担民事责任的责任人依法认定，责任的大小则需根据事实和损害程度依法确定，赔偿标准依法进行计算。

应诉技巧

一、意外事故发生后的第一时间公司应当派专人赴事发地处理

无论是意外事故现场，还是刑事犯罪现场，都需要亲临案发现场，掌握更为接近认定的事实。所以，当分公司综合部、安保、网络维护部等职能单位接到事故当事人、110民警等通知时，第一时间要做的事就是立即赶赴事故发生地，并利用一切可以利用的手段留取现场影像证据，争取还原事故的来龙去脉。所有勘验取得的证据保存十分重要，将可以作为今后争议纠纷的有力证据。若疑为刑事案件，则需第一时间向办案公安或检察机关了解情况，及时反馈给公司领导，

以便于公司作出决策。

二、人民法院对相关事故或刑事案件的判决或裁定

分公司综合部、安保、网络维护部等职能单位在处理事故时,应努力配合处理事故的公安、检察机关的工作。特别是,刑事案件的事实需经公安机关侦查、检察机关公诉、人民法院生效判决后,相关的事实才最终予以认定。在此期间,如果涉及的当事人向公司主张赔偿等事宜,均暂不予以回应,等待人民法院的判决或裁定作出后再予以考虑。

三、刑事附带民事赔偿

本案中,代理商的死亡涉及刑事犯罪,案件事实的认定需要人民法院的生效判决。而且,一般在刑事案件的审理过程中,受害人或其家属可以要求刑事附带民事赔偿。也就是说,民事赔偿在刑事判决中一并解决,受害人或其家属可以及时得到受偿。该案的刑事判决中支持了受害人家属(法律规定的第一顺序继承人)提出的部分民事赔偿请求。

四、先于赔偿或垫付的情况应保留证据

在处理事故中,如需要先于赔偿或垫付,则需依法确认受偿的权利人,并保留对方当事人的签收证明及签收人的身份证复印件。

管理建议

一、公司安保部、各分公司等应由经过公司统一培训,且实践经验丰富的人员参与应急事件的处理。

二、尽量避免先于赔偿或垫付的情况发生。一旦先于赔偿或垫付,即使最终人民法院确认无责,已经赔偿或垫付的费用执行回转的可能性也极小。

三、民事赔偿需在事故责任已经认定的基础上进行，或有人民法院已经生效的法律文书，或有调解协议，或有经公司法务部审核的其他协议书。

相关法律规定

《中华人民共和国侵权责任法》第十条 二人以上实施危及他人人身、财产安全的行为，其中一人或者数人的行为造成他人损害，能够确定具体侵权人的，由侵权人承担责任；不能确定具体侵权人的，行为人承担连带责任。

第十六条 侵害他人造成人身损害的，应当赔偿医疗费、护理费、交通费等为治疗和康复支出的合理费用，以及因误工减少的收入。造成残疾的，还应当赔偿残疾生活辅助具费和残疾赔偿金。造成死亡的，还应当赔偿丧葬费和死亡赔偿金。

第十八条 被侵权人死亡的，其近亲属有权请求侵权人承担侵权责任。被侵权人为单位，该单位分立、合并的，承继权利的单位有权请求侵权人承担侵权责任。

被侵权人死亡的，支付被侵权人医疗费、丧葬费等合理费用的人有权请求侵权人赔偿费用，但侵权人已支付该费用的除外。

第二十八条 损害是因第三人造成的，第三人应当承担侵权责任。(不承担责任和减轻责任的情形)

最高人民法院《关于贯彻执行〈民法通则〉若干问题的意见》第12条规定，民法通则中规定的近亲属包括配偶、父母、子女、兄弟姐妹、祖父母、外祖父母、孙子女、外孙子女。

《中华人民共和国继承法》第十条 遗产按照下列顺序继承：第一顺序：配偶、子女、父母。第二顺序：兄弟姐妹、祖父母、外祖父母。

继承开始后，由第一顺序继承人继承，第二顺序继承人不继承。没有第一顺序继承人继承的，由第二顺序继承人继承。

第二卷 相邻权纠纷

案例三

施工影响地下通信管网设施案

案情简介

某电信分公司辖区内的村落(贫困村)自来水管道年久失修,当地政府出资对该村所有自来水管道进行统一改造,故直接影响到了该电信公司在该村的地下通信管网设施。因原通信管网在部分地区与自来水管网路由上下相交错,即自来水管网在通信管网之下,更换自来水管道时,必须先移动通信管道。鉴于以上原因,村委会不但不给予该电信公司迁移地下电信设施的补偿,还狮子大张口,向电信公司主张高额的自来水管道改造费,并以自来水施工中村委会将不保证通信管网的安全相要挟。为此,电信分公司领导十分纠结。

案例评析

本案属涉及自来水工程施工影响通信设施改动、迁移方

面的案例。

由于天津市市区、郊县及乡村,为了配合天津市的城市改造规划及本区域内的发展,每年将规划城市铺路、架桥、地上地下管网改造(水、电、燃气、暖气等)等及工程施工,上述各类工程施工、改造时,不可避免地会涉及电信公司的通信设施、地上地下管网等设施的改造。对于此类工程建设,通常的做法也是法定的处理办法是,工程项目投资人(立项方)或建设单位或施工单位在工程开工前,将施工情况告知电信公司,要求电信公司配合拆改通信设施或管网,重新规划路由,并与电信公司签订拆改补偿协议,给予电信公司经济补偿,然后根据工程进度,安排电信公司的施工时间、方案。

但是,一些工程建设、施工单位未依法履行其告知义务,也曾经给电信公司或第三人造成很大的经济损失,例如:丹拉高速建设时发生的推土车挂线案件等,这类案件通常由建设、施工单位依法承担责任。这些相对都是有法可依的。

但在实际工作中,确实存在一些非常不易解决的案例,正如上面的案例。

应诉技巧

一、得到村委会通知后的第一时间应当进村现场勘验

因村委会告知某分公司该村自来水管道将进行整体改造,有些区域可能与电信公司的管道有干扰或发生位置冲突。对此,分公司应根据该村原通信管网情况,逐一进行梳理,并将可能发生网管冲突的区域预留影像资料(录像公证、拍照等),将可作为今后争议纠纷的有力证据。

二、查找管网分布资料和重点监控

分公司综合部、安保、网络维护部等职能单位在处理该等纠纷时，应认真查找公司网管部门留存的与此相关的档案，并与现场勘验的有关情况进行比对，查找漏洞，利于梳理原管网分布情况以及可能与自来水管网交叉、冲突的区域。同时，作为网络维护人员重点巡查的区域，以保证自来水改造工程施工中电信公司通信管网设施的安全。

三、纠纷处理过程中应及时与公司法务部进行沟通

分公司综合部、安保、网络维护部等职能单位对上述纠纷进行处理时，往往对于相关的法律规定不十分清楚，应及时与公司法务部进行沟通。

四、公司法务部协助分公司妥善处理纠纷

本案中，分公司在认真做好以上工作的基础上，会同公司法务部一起数次与村委会进行协调，并将所涉及的法律规定和法律后果告知村委会。特别是，告知村委会法律后果，即如果电信公司的通信管网在施工中被人为损坏，造成大面积断网，自来水施工单位和责任人就有可能涉嫌犯罪。基于此，村委会与分公司终达成一致，既保证了自来水更新改造工程的顺利进行，又确保了通信管网的安全。

管理建议

一、收到某单位即将进行工程施工，可能影响电信公司的通信管网的告知函后，首先应核对可能受施工影响的区域，并逐一进行确认。

二、保留证据

对可能受影响的通信管网区域(地上、地下管网)进行录像或拍照。保留施工前的现状,必要时应对影像资料进行公证。

三、准备好相关通信管网的维护记录,以及相关管网原设计图纸和(或)原施工竣工资料。

四、与施工单位(或项目出资人)洽谈给电信公司赔偿的事宜。

因无论是道路施工、桥梁施工还是其他工程施工,一旦该等工程施工影响电信公司的通信设施、管网等,均需给予电信公司赔偿金或补偿金,双方或多方应签署相关赔偿或补偿协议。

五、若其他工程施工单位无视电信公司通信设施、管网等的存在,野蛮施工,给电信公司造成的任何损失,均应依法赔偿。

相关法律规定

《中华人民共和国电信条例》第四十九条 任何单位或者个人不得擅自改动或者迁移他人的电信线路及其他电信设施;遇有特殊情况必须改动或者迁移的,应当征得该电信设施产权人同意,由提出改动或者迁移要求的单位或者个人承担改动或者迁移所需费用,并赔偿由此造成的经济损失。

《中华人民共和国公路法》第三十一条 因建设公路影响铁路、水利、电力、邮电设施和其他设施正常使用时,公路建设单位应当事先征得有关部门的同意;因公路建设对有关设施造成损坏的，公路建设单位应当按照不低于该设施原有的技术标准予以修复，或者给予相应的经济补偿。

《中华人民共和国刑法》第一百二十四条 【破坏广播电视设施、公用电信设施罪】破坏广播电视设施、公用电信设施，危害公共安全的，处三年以上七年以下有期徒刑；造成严重后果的，处七年以上有期徒刑。

过失犯前款罪的，处三年以上七年以下有期徒刑；情节较轻的，处三年以下有期徒刑或者拘役。

第三卷 电信服务纠纷

案例四

电信合同纠纷案

案情简介

原告管某某系电信公司的VIP用户，2011年8月2日原告在该电信公司座落于南京路上的营业厅办理了手机3G业务的入网手续，应原告的要求，其自愿使用电信公司的超级号码(俗称靓号)18622603333，但该超级号码每月的最低消费为386元，协议期限为一年。协议期满，可以变更最低消费为386元以上的资费套餐。2012年8月3日，协议期满，原告到电信公司营业厅要求办理资费变更，即：资费套餐变更为最低消费为386元以下的资费套餐。营业厅未予以办理，故原告诉至人民法院，请求人民法院判令电信公司准许其资费套餐变更为最低消费为386元以下的资费套餐。

案例评析

本案系电信VIP用户要求自主选择套餐资费而引发的

电信合同纠纷案。

2011年8月2日原告作为电信公司的VIP客户，在公司电子渠道部工作人员的陪同下，于南京路营业厅办理了手机3G业务的入网手续，其使用电信公司的超级号码（俗称靓号）18622603333，约定该超级号码每月的最低消费为386元。后双方填写了《电信业务确认单》(以下简称确认单)，并确认了《电信业务客户服务协议》(以下简称客户服务协议)之内容。同时，原告向电信公司提供了其身份证明原件和复印件，在身份证复印件上已载明："在网期间必须使用386元套餐"。

在上述确认单上双方明确约定：原告使用3G基本套餐386元档。且在客户服务协议的第十四条中双方约定：本协议自双方签字盖章且业务开通之日起生效，有效期一年。到期后，若双方均无异议，本协议以一年为周期逐年自动顺延。

电信公司对于用户自主选择使用超级号码时，均签订附条件的电信服务合同，即：资费基本套餐不低于386元档的补充协议。但本案原告并未与电信公司签署该补充协议。

应诉技巧

一、电信服务合同纠纷或案件处理依赖双方签订的合同、协议内容

电信合同纠纷案件首先需要用户与电信公司签订的电信合同、协议或确认单等入网手续。且所有在营业厅办理的业务确认单等原始证据的保存十分重要，将可以作为今后处理争议纠纷的有力证据。

二、入网时用户需提供合法有效的身份证件

目前营业厅办理用户入网手续时,必须要求用户提供身份证的原件,与本人核对后,将身份证的复印件与入网手续一并保存。若他人代办,则代理人的身份证件也同样需要保存。因为,该等用户提供的身份证复印件也将作为今后民事诉讼的证据之一。

三、电信服务合同的效力取决于入网手续的合法性

电信服务合同关系的建立和生效,完全取决于用户与电信公司签订的入网手续是否完备、合法。营业厅营业员为用户办理入网手续时,一定要根据用户定制的业务和资费标准以及相关的业务限制条款进行业务单据的制作。

本案中原告选择的手机号码(尾号四连号)属于超级号码(靓号),办理该等业务需与用户定制的资费相关联,即:用户资费基本套餐不得低于386元档。则办理该业务时,既要口头告知用户该业务的限制条件,也要将该等限制条款表述于业务确认单中,以避免今后出现不应有的纠纷。

四、运营商是否可以解除电信合同

虽然《中华人民共和国合同法》第九十四条规定了合同可以解除的法定条件,《电信公司客户服务协议》中也约定了协议的期限,但为保护消费者的利益,通信管理局要求电信运营商目前不可以单方向用户提出解除合同或协议的要求。

管理建议

一、本案的原告是电信公司的VIP用户,办理涉诉电信业务时还有公司工作人员陪同办理,在这种情况下营业厅的工作人员往往会对用户放松要求,应该签订的合同、协议或确认书等容易被简化。所以对于营业厅的营业员要强化该等方面的培训。

二、规范营业厅办理业务的流程,具体到每一项业务都必须明确合同、协议或单据等等的种类、份数,缺少任何一项单据,不得进行系统录入。

三、附条件的电信合同

对于使用超级号码(靓号)的用户资费基本套餐不得低于386元档的规定,系电信公司与用户签署附条件的电信服务合同,该所附加的条件不适用于一般用户,而仅适用于使用超级号码(靓号)的用户。

相关法律规定

《中华人民共和国合同法》

第四十四条 依法成立的合同,自成立时生效。

法律、行政法规规定应当办理批准、登记等手续生效的,依照其规定。

第四十五条 当事人对合同的效力可以约定附条件。附生效条件的合同,自条件成就时生效。附解除条件的合同,自条件成就时失效。

当事人为自己的利益不正当地阻止条件成就的,视为条件已成就;不正当地促成条件成就的,视为条件不成就。

第四十六条 当事人对合同的效力可以约定附期限。附生效期限的合同,自期限届至时生效。附终止期限的合同,自期限届满时失效。

第九十四条 有下列情形之一的，当事人可以解除合同：

(一)因不可抗力致使不能实现合同目的；

(二)在履行期限届满之前，当事人一方明确表示或者以自己的行为表明不履行主要债务；

(三)当事人一方迟延履行主要债务，经催告后在合理期限内仍未履行；

(四)当事人一方迟延履行债务或者有其他违约行为致使不能实现合同目的；

(五)法律规定的其他情形。

案例五

宽带接入服务合同纠纷案

案情简介

2010年6月TCL奥博(天津)环保发展有限公司(以下简称奥博公司)入驻天津市某县，某县领导非常重视，要求全县的相关部门鼎力配合，特别是天津市领导将赴某县为该公司的开业剪彩。在该情势下，奥博公司也找到某电信公司，要求其尽最大努力在最短的时间内安装10部固定电话和完成光纤宽带接入的服务。时间紧，任务急，电信公司某县分公司的领导十分重视，要求各部门的工作人员通力配合，提供绿色通道服务,用最短的时间,提供最优的服务。

2010年6月15日奥博公司与某电信公司签订了《通信配套工程建设协议》。2010年6月20日奥博公司与某电信公司又签订了《光纤宽带接入合同》。2010年7月15日《通信配套工程建设协议》实际履行后,8:30为奥博公司陆续开通10部固定电话,功能包括市话、国内长途、国际长途等。8月初开始计费。奥博公司认为其未申请开通国际长途。

2010年9月29日曾拨打国际长途, 发生1.1元国际长途费。对此,奥博公司从未提出异议,事实上已经再次确认了该公司自开通就同意电信公司为其提供国际长途的功能。

2010年11月30日某电信公司系统出账,集团客户部发现奥博公司的国际长途话务量增加,随于2010年12月3日派客户经理电话告知奥博公司,该公司回复因该公司刚刚正式投、达产,电话费增加正常。一周以后,奥博公司派人来到某电信公司,希望查一下国际长途的话单,并认为该公司未拨打国际长途,但已产生了高额的通信费用。后双方数次友好协商, 决定先将国际长途关闭,2010年12月21日14:54奥博公司的10部固定电话相继被关掉国际长途业务。

2011年1月奥博公司通知银行,停止了委托银行托收通信费用的业务,造成2010年12月的通信费未托收成功的后果,故对通信公司形成欠费。为了配合奥博公司查清国际长途形成的原因,2011年1月5日电信公司向奥博公司发出了免催免停的函, 表明双方努力查清国际长途形成的原因,国际长途话费暂不催收。因电信条例第35条规定对超过收费约定期限30日仍不交纳电信费用的电信用户, 电信业务经营者可以暂停向其提供电信服务。也就是说，若不发此函，2011 年 1 月底电信公司就应当暂停为奥博公司提供电信服务。而此后奥博公司拒绝继续核查国际长途话费发生的原因,拒绝电信公司提出的建议,拒绝支付正常的通信费用,拒绝通过第三方或公安部门介入并处理此事。一直持续到 2011 年 3 月底,电信公司的分公司总经理数次到奥博公司协调此事,均无果,奥博公司已无任何继续协商的愿望。2011 年 3 月 31 日电信公司在奥博公司实际欠费达三个月的时候,向其发出了《欠费催缴函》,通知奥博公司在 2011 年 4 月 8 日前付清欠费。奥博公司未履行付款义务。2011 年 4 月 8 日电信公司又委托律师向奥博公司发出《律师函》。通知奥博公司于 2011 年 4 月 10 日前缴纳欠费 56533.39 元（截至 2011 年 3 月底)和违约金 7205.84 元。奥博公司仍置若罔闻,既不合作,也不缴费。无奈,2011 年 4 月 14 日电信公司依据电信条例第 35 条暂停为奥博公司提供电信服务。

电信公司依法向人民法院起诉,要求奥博公司缴纳通信费和违约金。而奥博公司提出反诉,要求电信公司返还已经收取的长途通信费。

案例评析

本案系电信公司与集团大客户之间的电信合同纠纷案。

电信公司与奥博公司之间是电信服务合同关系,电信公司依约为其提供电信服务,奥博公司依约使用固定电话及其通信设施,并依约缴纳相关的电话费用,电信条例第三十五条规定:电信用户应当按照约定的时间和方式及时、足额地向电信业务经营者交纳电信费用;电信用户逾期不交纳电信费用的,电信业务经营者有权要求补交电信费用,并可以按照所欠费用每日加收3‰的违约金。因此,电信公司正常收取通信费用,既符合双方约定,也符合法律规定。

奥博公司一直认为其国际长途电话系被他人盗打,应自查管理原因,增加防范意识,或通过刑事案件处理,这与双方履行电信合同无关。据此,人民法院支持了电信公司的诉讼请求。

应诉技巧

一、电信公司与集团大客户签订的合同或协议均为诉讼的证据

本案中电信公司与奥博公司签署的《通信配套工程建设协议》和《光纤宽带接入合同》均为案件审理的依据。但该合同、协议均属于通信线路施工和光纤接入的依据,不能替代电信服务合同。

二、《通信配套工程建设协议》中约定的资费优惠标准弥补业务受理单中的不足

由于业务受理单中没有明确开通国际漫游的内容,而《通信配套工程建设协议》中载明了国际漫游的资费优惠标准,弥补了业务受理单中的不足。

三、人民法院对于开通国际长途及相关国际长途费用的一般认定

人民法院在审理电信合同纠纷案时,首先需确认电信合同的有效性及约定的合法性。若集团用户与电信公司的入网协议中没有约定开通国际长途,而电信公司单方为用户开通了,所产生的国际漫游通信费用用户有理由不缴纳,因双方对此没有约定。

管理建议

1. 奥博公司与电信公司签订了《通信配套工程建设协议》和《光纤宽带接入合同》,并完成了通信工程。集团客户经理应当提示奥博公司到营业厅办理电信业务受理单,并在业务受理单上明确开通国际长途业务,以及相关的资费标准。

2.《通信配套工程建设协议》中资费优惠标准应当在电信业务受理单上载明。即:《通信配套工程建设协议》中第四条乙方的权利和义务第4.8款中约定:“乙方(天津联通)给予甲方(奥博公司)以下优惠:装机免费、月租18元赠送来电显示、国内长途0.22元/分钟、港澳台0.7元/分钟、美加1.1元/分钟、英国等13国1.8元/分钟、其他国家2.4元/分钟。”

相关法律规定

《中华人民共和国电信条例》

第三十四条 电信业务经营者应当为电信用户交费和查询提供方便。电信用户要求提供国内长途通信、国际通信、移动通信和信息服务等收费清单的,电信业务经营者应当免费提供。

电信用户出现异常的巨额电信费用时,电信业务经营者一经发现,应当尽可能迅速告知电信用户,并采取相应的措施。

前款所称巨额电信费用，是指突然出现超过电信用户此前三个月平均电信费用5倍以上的费用。

第三十五条 电信用户应当按照约定的时间和方式及时、足额地向电信业务经营者交纳电信费用；电信用户逾期不交纳电信费用的，电信业务经营者有权要求补交电信费用，并可以按照所欠费用每日加收3‰的违约金。

对超过收费约定期限30日仍不交纳电信费用的电信用户，电信业务经营者可以暂停向其提供电信服务。电信用户在电信业务经营者暂停服务60日内仍未补交电信费用和违约金的，电信业务经营者可以终止提供服务，并可以依法追缴欠费和违约金。

经营移动电信业务的经营者可以与电信用户约定交纳电信费用的期限、方式，不受前款规定期限的限制。

电信业务经营者应当在迟延交纳电信费用的电信用户补足电信费用、违约金后的48小时内，恢复暂停的电信服务。

案例六

侵权赔偿纠纷案

案情简介

原告宋某某于2008年在某电信公司营业厅办理了手机卡号为13114839694的入网手续。2010年6月10日原告发现该手机被停机,向10010投诉后才知道其手机卡被绑定了炫显包业务,每月扣费36元。因自2010年6月开始扣费,故导致原告手机欠费停机。原告并没有办理过该项电信业务,随投诉至天津市通信管理局,但双方未就争议达成一致。

2011年6月24日原告向天津仲裁委员会提交了仲裁申请书,要求就与某电信公司的纠纷进行仲裁。同日,天津仲裁委员会向原告送达了《不予受理通知书》。

2010年6月至2015年6月12日期间,原告多次到北京工信部和电信公司集团总部反映情况,造成其交通费和食宿费的损失。进而,请求人民法院支持其向某电信公司主张5000元赔偿的请求。

2015年6月12日原告将某电信公司诉至人民法院,要求该电信公司赔偿其5000元交通费和食宿费。

案例评析

本案系履行电信服务合同而引发的侵权赔偿纠纷案。

原告宋某某系长期上访户,本案诉讼前该用户曾就某电信公司小灵通服务信号弱的问题与该公司进行过诉讼,该案调解解决后又向人民法院提起本诉。2010年6月至2015年6月12日期间,原告因其认为某电信公司多收取其通信费用36元,数次到北京工信部和电信公司集团总部投诉。本诉所涉赔偿金额5000元即为往返北京的费用。

本案因原告向人民法院请求保护其民事权利的诉讼时效已经超过了两年,故原告丧失了胜诉权。

应诉技巧

一、原告与某电信公司之间是电信服务合同关系

原告确系某电信公司的手机用户，在履行电信服务合同的过程中所产生的纠纷应在法定的诉讼时效内向人民法院主张权利。

二、原告申请仲裁虽重新计算了诉讼时效，但至本案起诉仍超过了两年的诉讼时效期间

本案原告认为的电信合同纠纷产生于2010年，2011年6月24日原告向天津仲裁委员会提交了仲裁申请书，要求就与某电信公司的纠纷进行仲裁。同日，天津仲裁委员会向原告送达了《不予受理通知书》，仲裁庭认为：原告与联通公司之间从未达成过仲裁协议，故其仲裁申请不予受理。至此，原告向被告主张权利的诉讼时效从2011年6月24日起重新计算。

三、原告没有证据证明诉讼时效中断或中止

2011年6月24日之后的两年内，原告没有证据证实其再次向人民法院或仲裁机构提出过诉讼或仲裁请求，在此期间也无证据证实其具有其他诉讼时效中断或中止的情形出现。故诉讼时效未中止或中断。

四、上访不能延续诉讼时效

虽然原告多次到天津市通信管理局上访，要求解决问题，但该行为并不能产生诉讼时效中止、中断或延长的法律效果。原告的诉讼请求已超过了法定的诉讼时效。

管理建议

一、本案的原告是2008年入某电信公司网的手机用户，与该电信公司之间是电信服务合同关系。电信公司按照信息产业部颁发的电信服务标准为原告提供双方约定的电信服务，原告每月向电信公司缴纳电信服务费用。若双方需变更电信服务内容，应签订电信服务合同的补充或变更协议，机主本人应在营业厅办理相关变更手续。该等变更内容一般次月开始生效。

二、2010年6月原告发现手机被停机，且该月被扣36元炫显包业务费，原告认为对其增加的炫显包业务并不知情。炫显包业务属于电信服务的增值业务，一般电信增值业务由电信公司的合作方增值业务提供商(SP等)负责经营管理。有些合作方采取多种方式推销其经营的增值业务，例如：短信推销、电话语音推销等等。特别是，有的合作方采取先免费试用，后用户不主动取消就收费的做法，违法了《增值产品合作管理办法》中的规定，侵害了用户的合法权益。故电信公司应加强对增值业务提供商的业务流程管理。

三、10010应告知用户合法的维权途径

用户投诉10010时，10010首先要依据电信公司的业务投诉流程尽量处理好用户投诉。用户对投诉处理结果有异议时，应告知其可通过正常的法律途径解决双方的争议。《客户服务协议》中也约定了如果用户在履行电信合同中发生任何争议，可通过天津市通信管理局协调解决。协调后双方仍不能就争议协商一致时，用户可以向电信公司所在地(和平区新兴路27号)的有管辖权的人民法院提起诉讼。

相关法律规定

《中华人民共和国民法通则》

第一百三十五条 向人民法院请求保护民事权利的诉讼时效期间为二年,法律另有规定的除外。

第一百三十七条 诉讼时效期间从知道或者应当知道权利被侵害时起计算。但是,从权利被侵害之日起超过二十年的,人民法院不予保护。有特殊情况的,人民法院可以延长诉讼时效期间。

第一百三十九条 在诉讼时效期间的最后六个月内,因不可抗力或者其他障碍不能行使请求权的,诉讼时效中止。从中止时效的原因消除之日起,诉讼时效期间继续计算。

第一百四十条 诉讼时效因提起诉讼、当事人一方提出要求或者同意履行义务而中断。从中断时起,诉讼时效期间重新计算。

《最高人民法院关于适用〈中华人民共和国民事诉讼法〉的司法解释》第九十条 当事人对自己提出的诉讼请求所依据的事实或者反驳对方诉讼请求所依据的事实,应当提供证据加以证明,但法律另有规定的除外。

在作出判决前,当事人未能提供证据或者证据不足以证明其事实主张的,由负有举证证明责任的当事人承担不利的后果。

第四卷 合同纠纷

案例七

合作合同纠纷案

案情简介

某分公司管辖的合作营业厅因与分公司、分局长期合作中产生各种矛盾，且不能协调，合作营业厅的经营业主以其权益受到侵害为由，将某电信公司起诉至人民法院。在该案中值得关注的是，2011 年 1 月、5 月公司市场部分别下发了《关于对已提卡未开通 2G 智能网产品处理要求的通知》和《关于及时清理已提卡未开通 2G 智能网产品的提示》，即通知智能网平台各种产品号码及 SIM 卡统一作废。然而，分公司在向合作营业厅及代理商送达该等通知的程序实际上变成了口头通知，合作营业厅则否认接到通知，即电信公司完全举不出上述文件通知已送达的凭证。基于此，分公司在对合作营业厅、代理商的管理中确存在一定的漏洞。

案例评析

本案系对合作营业厅、代理商的管理案例。即电信公司涉及业务的管理文件等如何送达合作营业厅、代理商及相关确认方式。

目前，电信公司与合作营业厅或业务代理商合作时，均是与其签订相关的合作协议或代理协议，以规范合作方或代理商的行为，但在实际履行合作协议的过程中往往因管理人的更迭或其他原因而遗失相关的履行证据。特别是关乎代理商切身利益的代理佣金、购机返款等等，其计算、发放、抵扣的凭证，特别需要完善和保存。合作即法律意义上的联营，一旦出现纠纷，其追诉期部分可达合作期间，法律风险会很大。故长期保存合作期间的所有凭证（包括但不限于：佣金或代理费的计算、发放、确认凭证；所有文件送达、接受、确认等凭证）至关重要。

应诉技巧

一、查找直接证据或关联证据

各分公司在与合作方或代理商履行合作合同或代理协议时，留存合作、代理公司业务的证据范围、类型非常广泛，纸质和电子函件均可以作为证据出具。特别是，若没有直接确认的纸质证据，可以提供公司、分公司组织合作方、代理商培训或宣贯会的会议通知，以及签到簿、会议纪要等；电子证据，包括分公司与各合作方、代理商之间的往来邮件等。

二、往来函件

公司、分公司与合作方之间的往来函件(对账函、通知书、告知函、回复函、律师函等)均可作为证据。但同时均需提供合法的送达凭证,即:对方签收凭证、代收人签收凭证等。

三、来自各方的问询笔录

问询笔录也是提供证据的方式之一,对于当事人本人或与其相关的自然人所做的问询笔录均可以作为证据使用。

管理建议

一、电信分公司应在与合作营业厅合作方或业务代理商签署合作合同或代理协议时,要求合作方或代理商仔细阅读合同或协议的内容,并对合作方或代理商明示履行合同或协议时的相关工作程序。

二、各分公司均应设有专门部门、人员管理合作营业厅,应将合作期间的所有资料汇集,包括电子资料和纸质资料。特别是,涉及合作方或代理商利益的代理费计算依据(每月业务完成情况等)、支付数额、领取或发放等等,均应妥善留存纸质的确认单据和电子凭证(网上支付凭证等)。

三、公司要求送达给合作方或代理商的文件,应以会议方式传达(需留存会议纪要或签到簿)或网上传阅(可附电子凭证、E-mail 回复方式等)。

四、公司与合作方或代理商合同、协议期满,双方应对合作期间的应付、未付款等事项进行书面确认。特别是,合作期间合作方、代理商的违约事项也应在确认书中注明。

相关法律规定

《最高人民法院关于民事诉讼证据的若干规定》

第一条 原告向人民法院起诉或者被告提出反诉，应当附有符合起诉条件的相应的证据材料。

第二条 当事人对自己提出的诉讼请求所依据的事实或者反驳对方诉讼请求所依据的事实有责任提供证据加以证明。

没有证据或者证据不足以证明当事人的事实主张的，由负有举证责任的当事人承担不利后果。

第十条 当事人向人民法院提供证据，应当提供原件或者原物。如需自己保存证据原件、原物或者提供原件、原物确有困难的，可以提供经人民法院核对无异的复制件或者复制品。

案例八

解除合作合同纠纷案

案情简介

2013年11月1日某电信公司与北京一家科技公司签订了一份《酒店转接预订热线合作协议》，合作的主要业务是客户拨打114电话导航预订酒店时，电信公司将该客户电话转接至合作方的客服电话或告知客户合作方的客服电话,以实现客户完成预订酒店的需求。上述协议期限为三年,即合作期至2016年10月31日终止。该协议实际履行后,随着市场的不断变化,以及合作方的经营管理理念陈旧等种种原因,造成合作业绩每况愈下。合作方也未按照协议约定向电信公司支付相应的佣金,拖欠金额已达百万。

为了减少电信公司的损失,公司决定解除与北京科技公司之间的合作协议,并要求合作方履行合同约定,向电信公司支付拖欠的佣金。

案例评析

本案系合作方违反合作协议而引发的合作合同纠纷案。

某电信公司与北京科技公司签订的酒店转接预订热线合作协议生效后,双方均应按照合作协议约定的内容实际履行。由于北京科技公司自身经营不善及诸多其他客观原因,致使继续履行合作协议将导致双方更大的损失时,双方应考虑依法解除合作协议。北京科技公司应依据协议约定向电信公司支付合作期间的佣金及违约给电信公司造成的经济损失。

应诉技巧

一、首先,应当准备双方合作期间的合作协议、资料、文件等,包括双方每月依据合同约定核对计算佣金的基数,来往函件等。

二、电信公司可与北京科技公司协商解除合同的有关事项,如合同具体终止时间,佣金给付时间、数额等。如果双方可就解除合同事宜达成一致,可以以签订《〈酒店转接预订热线合作协议〉终止协议》的方式终止合作关系。

三、若北京科技公司不同意解除合作合同,电信公司依法可行使合同解除权。即:电信公司应向北京科技公司发函,要求其履行合作合同中的约定,在收函后数日内向电信公司支付佣金,若到期不付款,则双方解除合作关系。

合同法第九十四条规定:“有下列情形之一的,当事人可以解除合同:(一) 因不可抗力致使不能实现合同目的;(二)在履行期限届满之前,当事人一方明确表示或者以自己的行为表明不履行主要债务;(三)当事人一方迟延履行主要债务,经催告后在合理期限内仍未履行;(四)当事人一方迟延履行债务或者有其他违约行为致使不能实现合同目的;(五)法律规定的其他情形。

四、若北京科技公司拒绝解除合作合同,电信公司可以依据合作合同中的约定向仲裁机关提起仲裁或向有管辖权的人民法院提起诉讼,即通过法律途径解决双方争议。

管理建议

一、电信公司相关部门应妥善保管合作合同的原件,以及与北京科技公司每月核对业务情况的报表、双方会议纪要、向北京科技公司发的催欠函及送达证明等。

二、电信公司相关部门应当有专人负责合作项目,并适时关注合作合同的履行情况,发现问题,及时沟通处理。造成欠款,应及时予以催告,以减少电信公司不必要的损失。

三、当电信公司可能因履行合作协议而加大损失时,应当权衡利弊,及时依法行使合同解除权,有效地防止损失的扩大。

四、在合作合同中明确约定电信公司可单方行使合同解除权的情形。双方就合同解除事宜不能达成一致时,电信公司可以向有管辖权的人民法院提起诉讼或申请仲裁。

相关法律规定

《中华人民共和国合同法》第九十三条规定:“当事人协商一致,可以解除合同。当事人可以约定一方解除合同的条件。解除合同的条件成就时,解除权人可以解除合同。”

第九十四条规定:“有下列情形之一的,当事人可以解除合同:(一)因不可抗力致使不能实现合同目的;(二)在履行期限届满之前,当事人一方明确表示或者以自己的行为表明不履行主要债务;(三)当事人一方迟延履行主要债务,经催告后在合理期限内仍未履行;(四)当事人一方迟延履行债务或者有其他违约行为致使不能实现合同目的;(五)法律规定的其他情形。”

第九十六条规定:“当事人一方依照本法第九十三条第二款、第九十四条的规定主张解除合同的,应当通知对方。合同自通知到达对方时解除。对方有异议的,可以请求人民法院或者仲裁机构确认解除合同的效力。”

案例九

迟付工程尾款引发的施工合同纠纷案

案情简介

2011年6月某电信公司通过招投标与天津市城市综合执法局市内四区分别签订了四份《数字城管视频监控系统建设项目施工合同》,施工合同如期履行,并按照合同中的约定进行了完工验收,验收合格。但天津市城市综合执法局市内四区却一直未按照合同约定给付某电信公司20%施工款和质保尾款。特别是,20%施工款的约定给付时间至今已将近两年,天津市城市综合执法局及四区分局一直以天津市政府未如期拨款为由拒绝给付。

因自合同约定的20%施工尾款给付时间至今已将近两年,且某电信公司不能证明在两年中向天津市城市综合执法局及四区分局分别主张过给付尾款的权利,即使提起诉讼,也将因超过诉讼时效而丧失胜诉权。

案例评析

本案系迟付工程尾款而引发的工程合同纠纷案。

2011年6月某电信公司通过招投标与天津市城市综合执法局市内四区分别签订了四份《数字城管视频监控系统建设项目施工合同》。天津市城市综合执法局是政府下属的行政机关，该等项目也是天津市政府审批并全额拨款的项目。某电信公司与其四区局分别签署了施工合同，并依据合同约定的时间、地点完成了数字城管视频监控系统的建设，双方根据完工标准，对建设工程进行了验收，且验收结果完全符合合同约定的标准。

天津市城市综合执法局市内四区向某电信公司支付了80%的工程款，尾款不应因政府是否拨款而确定给付时间，而是应以合同约定的给付时间为准。基于此，某电信公司完全有理由要求四区局履行合同中约定的义务。

虽然合同尾款给付时间已在合同中明确约定，但电信公司的工作人员考虑政府项目，不愿主动要求四区局履行给付义务，也不愿因积极向四区局催款而影响与政府机关的关系。拖来拖去，就可能超过两年的诉讼时效，电信公司的合法权益将无法保障。

应诉技巧

一、本案中因20%施工尾款的约定给付时间已将近两年，电信公司必须有证据证明在两年内向合同相对方追讨过欠款。否则，超过两年，电信公司对此欠款虽有起诉权，但无胜诉权。

二、延长诉讼时效的办法

1. 若合同约定的给付时间将近两年，可以采取如下措施。

(1)公司财务对账，要求对方回复；

(2)催缴函；

(3)律师函；

(4)电话录音(需其他证据佐证);

(5)E-mail(需公证);

(6)影像资料等。

以上方法可以分别使用,也可以同时使用,并将证据妥善保管。

2. 若合同约定的给付时间已经超过两年,可以采取如下措施。

(1)财务对账,必须要求对方在回函中确认拖欠款的具体数额;

(2)电话录音(需其他证据佐证),对方在谈话中确认拖欠款的具体数额;

(3)E-mail(需公证),对方在回复中确认拖欠款的具体数额;

(4)影像资料等,能够确认拖欠款的具体数额。

(5)其他可确认未支付尾款的方式。

管理建议

一、施工合同尾款给付时间一般为维保期满后,故通常在工程完工的一年以后。及时梳理各履行中的施工合同,确认尾款的具体给付时间,接近给付期应以邮件、告知函或其他告知方式提示工程发包方给付工程尾款。

二、履行中的施工合同,给付期限届满时,工程发包方以各种理由未给付工程款或尾款时,应及时予以催促,催促无果时,应适时通过法律途径解决,由公司法务部委托律师向对方发律师函,函告不履行施工合同的法律后果。同时,可以依法中断时效，时效期自函件送达日重新计算。

相关法律规定

《民法通则》

第一百三十五条 向人民法院请求保护民事权利的诉讼时效期间为二年，法律另有规定的除外。

第一百三十六条 下列的诉讼时效期间为一年：

（一）身体受到伤害要求赔偿的；

（二）出售质量不合格的商品未声明的；

（三）延付或者拒付租金的；

（四）寄存财物被丢失或者损毁的。

第一百三十七条 诉讼时效期间从知道或者应当知道权利被侵害时起计算。但是，从权利被侵害之日起超过二十年的，人民法院不予保护。有特殊情况的，人民法院可以延长诉讼时效期间。

第一百三十八条 超过诉讼时效期间，当事人自愿履行的，不受诉讼时效限制。

第一百三十九条 在诉讼时效期间的最后六个月内，因不可抗力或者其他障碍不能行使请求权的，诉讼时效中止。从中止时效的原因消除之日起，诉讼时效期间继续计算。

第一百四十条 诉讼时效因提起诉讼、当事人一方提出要求或者同意履行义务而中断。从中断时起，诉讼时效期间重新计算。

第一百四十一条 法律对诉讼时效另有规定的，依照法律规定。

案例十

南马路办公楼(营业厅)物业服务合同纠纷案

案情简介

2010年3月邮电公寓1-7号住宅楼物业单位天津嘉德物业管理有限公司(以下简称嘉德公司)就物业管理费问题起诉某电信公司天津市分公司(以下简称电信公司)和所属南马路营业厅,要求给付物业管理费140余万元。与此同时,嘉德公司也起诉了中国移动天津分公司。2010年12月一审法院判决电信公司给付嘉德公司物业费719155.05元 (诉请的50%)。移动公司收到的判决与电信公司内容基本相同。电信公司、移动公司不服一审判决均上诉。上诉主张得到了二审法院的支持,二审人民法院于2011年3月作出判决:撤销一审判决;驳回嘉德公司一审中的全部诉讼请求。

案例评析

本案属物业管理范围不清晰而引发的物业管理服务合同纠纷案。

座落于天津市南开区南马路的邮电公寓1-7号住宅楼始建于1997年,是天津市邮电管理局组织并筹建的职工集资福利房。天津市邮电管理局在建设邮电公寓1-7号住宅楼的同时，在南马路上建设了两座四层的办公楼（与邮电公寓1–7号住宅楼相邻，一楼均为营业场所），在邮电分营时分别分配给某通信和移动两家公司使用。邮电公寓1–7号住宅楼和两家公司的办公楼均属于同一规划片（即同一建设项目）。该办公楼投入使用后，某通信公司一直委托案外人（一家物业公司）进行物业管理，该物业公司对上述办公楼物业管理的范围、内容、合同等，均已在天津市南开区房地产管理局物业办办理了报备手续。

2007年邮电公寓1–7号楼成立了业主委员会，业主委员会于2007年7月28日与嘉德公司签订了《天津市物业管理服务合同》，委托嘉德公司对邮电公寓1–7号楼进行物业管理。该合同服务范围仅为1–7号楼住宅，并不包括电信公司的办公楼，电信公司也不是业主委员会成员之一。2007年8月2日业主委员会又与嘉德公司签订了上述物业管理服务合同的《补充协议》，约定业委会委托嘉德公司为商用房业主电信公司、移动公司和宝轩渔府提供物业服务。

2010年3月，嘉德公司（原告）起诉电信公司和移动公司，向电信公司索要邮电公寓小区裙楼南马路营业厅及办公区物业费共计143.83万元。

本案原告与被告电信公司之间并未建立物业管理服务合同关系，原告也未向被告提供相关的物业服务。因此，电信公司依法不应向原告缴纳物业服务的相关费用。

应诉技巧

1. 涉诉区域范围的物业管理服务合同

一审庭审中，电信公司以充分的事实和证据证明，邮电公寓 1–7 号住宅楼和电信公司在南马路的办公楼历史上一直由不同的物业公司分别实施物业管理。某电信公司从未委托过嘉德公司(本案原告)，原告也从未对电信公司在南马路的办公楼做过任何物业管理工作。关于业主委员会与嘉德公司签订物业管理服务合同的《补充协议》，属于业主委员会个别人在其业主委员会主任毫不知情的情形下，超越代理权限签订的与物业合同互相矛盾的补充协议，该协议对电信公司不具有任何约束力，故电信公司完全有理由拒绝向原告支付物业管理服务费。因电信公司的物业管理服务并非由原告提供。

2. 在本案事实未充分确认的情形下，2010 年 12 月 13 日南开区人民法院作出一审判决，判决电信公司给付嘉德公司物业费 719155.05 元(诉请的 50%)。移动公司判决与此基本相同。二被告不服一审判决，向第一中级人民法院提起上诉。同时，就本案一审审理中人民法院存在的程序和实体问题，向天津市政府、司法监管机关等部门反映，启动司法监督程序，希望求得司法公正。

3. 2011 年 3 月 25 日二审法院经审理查明：电信公司非邮电公寓 1–7 号住宅楼业主，嘉德公司也从未给电信公司办公楼提供过任何物业服务，上述两份协议对电信公司不具有约束力，嘉德公司索要物业费主张证据不足。二审法院判决：撤销一审法院民事判决；驳回嘉德公司的全部诉讼请求。

本案以电信公司胜诉告终(移动公司案同样结果)。

4. 涉及的主要法律问题

邮电公寓1–7号住宅楼和电信公司的办公楼均属于同一规划片(即同一建设项目)。根据《天津市物业管理条例》第十条和《天津市物业管理区域划分管理办法》第四条规定,物业管理区域的划分,应当充分考虑共用设施设备、建筑物规模、社区建设等因素,遵循相对集中、便于管理的原则。同一个物业管理区域内的地上、地下建筑物和设施设备、相关场地,应当划分为一个物业管理区域,由一个物业服务企业进行管理服务。据此,一审法院认为:邮电公寓1–7号住宅楼和电信公司(移动公司同)的办公楼依法应由同一物业公司管理。

电信公司南马路营业厅及办公区是否属于原告物业服务范围。对此,行政主管部门天津市南开区房地产管理局物业办给予的答复是,邮电公寓1–7号住宅楼与电信公司营业厅的办公楼历史上一直分由不同的物业公司进行物业管理服务,为邮电公寓1–7号住宅楼提供物业服务的是嘉德公司,而为电信公司营业厅的办公楼提供物业服务的是天津电信物业管理有限公司。上述两公司均在物业办登记备案。

嘉德公司与邮电公寓小区业主委员会签订的《物业服务合同》及《补充协议》是否对电信公司具有约束力。一审法院认为,电信公司所有的建筑物与嘉德公司所服务的邮电公寓小区属于不可分割的主体,因此嘉德公司与邮电公寓业主委员会签订的《物业服务合同》及《补充协议》对其有约束力。电信公司应按照上述协议履行义务。

二审法院经审理后认为,电信公司不属于邮电公寓1–7号楼的业主,因此邮电公寓业主委员会亦无权与嘉德公司就电信公司的权利义务进行约定，故上述两份协议对电信公司不具有约束力。

管理建议

1. 国家现有法律、法规对物业服务区域尚无明确规定，业委会的法律地位及权利仍无明确定义。

2. 在现实生活中，同一行政区划内商用楼、居民楼业主分别委托物业公司的情况并不少见。而同一行政区划又使得部分物业服务范围如公用绿地、水面、花木、路面、垃圾收集清运、维护公共秩序、外来人员管理等难以明显区分，极易引发物业服务纠纷。

3. 居民楼业主成立的业委会是否能代表商住楼业主行使业主权利，在商住楼业主并未予以认可的情况下，业委会能否对商住楼业主的权利义务行使处置权，这些都无法律明文规定。在现实生活中，也极易引发纠纷。

4. 对于企业生产经营用房与小区住宅联系较为紧密的，应妥善处理好物业、安保、用水、用电、通风、采光等方面的相邻关系，避免因与住宅业主发生相邻关系矛盾而引发纠纷。

5. 企业与第三方签订后勤保障类服务合同时，应注意明确双方权利义务，明确因服务合同产生第三方侵权、违约纠纷时，合同双方责任的承担与划分问题。

因邮电公寓的物业管理区划问题确系历史遗留，且在《天津市物业管理条例》和《天津市物业管理区域划分管理办法》颁布后未依法进行调整，而最终成诉。虽然本案在各有关部门高度重视、密切配合、相互支持下，得到圆满解决，但应引起公司有关方面的关注，预防类似问题发生。

相关法律规定

《天津市物业管理条例》第十条

一个物业管理区域成立一个业主大会，应当由一个物业服务企业实施物业管理服务。

新建物业项目，包括分期建设或者由两个以上开发建设单位建设的物业项目，其配套的设施设备是共用的，应当划为一个物业管理区域。

同一个物业管理区域内的地上、地下建筑物和设施设备、相关场地，不得分割进行物业管理。

物业管理区域的划分，应当考虑物业的共用设施设备、建筑物规模、社区建设等因素，并遵循相对集中、便于管理的原则。物业管理区域划分的具体办法，由市人民政府规定。

《天津市物业管理区域划分管理办法》第四条

物业管理区域的划分，应当充分考虑共用设施设备、建筑物规模、社区建设等因素，遵循相对集中、便于管理的原则。

新建物业项目内有市区级规划道路穿越的，应当划分为不同的物业管理区域，规划行政主管部门有明确要求的除外。

同一个物业管理区域内的地上、地下建筑物和设施设备、相关场地，应当划分为一个物业管理区域，由一个物业服务企业进行管理服务。

新建住宅小区内的非住宅物业应当与住宅小区物业划分为一个物业管理区域。

第五卷 人力资源纠纷

案例十一

履行劳务派遣合同中出现的劳动争议案

案情简介

某电信分公司对其下属的营业厅劳务派遣员工制定了一系列考核办法,包括但不限于笔试、面试等,后在上述考核办法的实施过程中,对一名笔试、面试不合格的员工进行了退回劳务派遣单位的书面处理意见。但此后方方面面的说情人又促使分公司放弃了对该员工的处理意见,同意其回营业厅继续工作。但由于该员工对分公司的上述处理不服,故聚集家属等到公司、分公司闹事,且拒不到营业厅继续上班。该员工及其家属的上述行为导致分公司人力资源部门十分烦恼,且处于继续用工或清退两难的境地。

案例评析

本案系履行劳务派遣合同中出现的劳动争议案。

首先,劳务派遣这种用工形式目前在电信公司各部门及各分公司,特别是营业厅是比较普遍存在的一种用工形式。

法定的劳动者被称为被派遣劳动者,劳务派遣单位通常是与电信公司有长期合作关系的人力资源公司,用人单位即为电信公司。

通常用人单位与劳务派遣单位签订合同或协议,确立法律关系。劳务派遣单位与被派遣劳动者签订劳动合同,双方建立劳动合同关系。

《中华人民共和国劳动合同法》的第六十五条规定了用工单位可以行使的权利之一是可以将劳动者退回劳务派遣单位,但这一项权利的行使,用人单位必须走法定程序。

应诉技巧

一、向员工发函告知公司的决定

因分公司已决定继续留用员工,则应及时将该决定以书面形式告知员工。函告内容包括但不限于:上班的具体时间、调整的工作岗位及相关法律后果等等。

二、依法履行公司的规章制度

若员工继续无理由旷工,将按照公司的规章制度处理。

三、及时与劳务派遣单位进行沟通

对于劳务派遣员工的任何处理决定,均应及时告知劳务派遣单位。

四、来往函件的送达方式

在处理劳动争议过程中,如需要向对方送达信函,首选通过特快专递的方式送达,并保留特快专递单据。若特快专递对方拒收时,应完整保留封存的退件。公司派工作人员直接给当事人送达时,需要对方签字确认已收取,对方拒绝签收时,同行人员应保留影像证据。

管理建议

1. 从以上案例分析,首先劳动合同法第三十九条规定了用人单位可以与劳动者解除劳动合同(即将劳务派遣劳动者退回派遣单位),这是用人单位对于“严重违反用人单位的规章制度”的劳动者可行使的权利之一。用人单位的这些规章制度当然包括用工考核制度、末位淘汰制度等,但需要明确的是用人单位的这些规章制度应当在被派遣劳动者入职前、中,向其本人依法送达这些文件(纸质或电子文件),且应完善书面或网上电子签收制度。被派遣劳动者应明确表示其本人已经知道并理解相关规定的内容,且明确表示遵守相关规定。这些书证和电子文档证据应在人力资源部门长期保存,当然也包括相关的履行证据需长期保存,以备今后发生争议时使用。

2. 用工考核制度、末位淘汰制度等均属于用人单位的内部规章制度范围,劳动合同法第四条规定了用人单位的规章制度要获得法律的认可,故需具备如下条件:(1)制定程序合法;(2)履行告知义务。因用人单位的规章制度涉及劳动者的切身利益,故制定程序需合法,公示程序需完善,才能得到法律的认可,成为用人单位管理员工的依据。

3. 对于考核不合格的派遣员工,若确实不能胜任原工作岗位, 用人单位应对该员工再次进行培训或调整工作岗位。只有在仍不能胜任工作的情况下,才能提前三十日以书面形式通知员工本人或支付一个月的工资后将该员工退回派遣单位。

相关法律规定

2013年《中华人民共和国劳动合同法》

第四条 用人单位应当依法建立和完善劳动规章制度，保障劳动者享有劳动权利、履行劳动义务。

用人单位在制定、修改或者决定有关劳动报酬、工作时间、休息休假、劳动安全卫生、保险福利、职工培训、劳动纪律以及劳动定额管理等直接涉及劳动者切身利益的规章制度或者重大事项时，应当经职工代表大会或者全体职工讨论，提出方案和意见，与工会或者职工代表平等协商确定。

在规章制度和重大事项决定实施过程中，工会或者职工认为不适当的，有权向用人单位提出，通过协商予以修改完善。

用人单位应当将直接涉及劳动者切身利益的规章制度和重大事项决定公示，或者告知劳动者。

第六十五条 被派遣劳动者可以依照本法第三十六条、第三十八条的规定与劳务派遣单位解除劳动合同。

被派遣劳动者有本法第三十九条和第四十条第一项、第二项规定情形的，用工单位可以将劳动者退回劳务派遣单位，劳务派遣单位依照本法有关规定，可以与劳动者解除劳动合同。

第三十九条 劳动者有下列情形之一的，用人单位可以解除劳动合同：

（一）在试用期间被证明不符合录用条件的；

（二）严重违反用人单位的规章制度的；

（三）严重失职，营私舞弊，给用人单位造成重大损害的；

（四）劳动者同时与其他用人单位建立劳动关系，对完成本单位的工作任务造成严重影响，或者经用人单位提出，拒不改正的；

（五）因本法第二十六条第一款第一项规定的情形致使劳动合同无效的；

（六）被依法追究刑事责任的。

第四十条 有下列情形之一的，用人单位提前三十日以书面形式通知劳动者本人或者额外支付劳动者一个月工资后，可以解除劳动合同：

（一）劳动者患病或者非因工负伤，在规定的医疗期满后不能从事原工作，也不能从事由用人单位另行安排的工作的；

（二）劳动者不能胜任工作，经过培训或者调整工作岗位，仍不能胜任工作的。

第六卷 交通事故纠纷

案例十二

健康权纠纷案

案情简介

2009年4月5日4时40分左右，原告高某某驾驶电动自行车沿津塘路由东向西方向行驶至河东区大直沽电话局门口时，被一根悬挂在半空的线缆挂倒，造成原告摔伤的交通事故。后经他人拨打“110”报警，天津市公安交通管理局河东支队中山门大队派员到达现场，对现场进行拍照勘查。“120”急救车将原告高某某送至天津市第三中心医院诊治，原告高某某自2009年4月5日至2009年4月11日在该医院住院治疗。

天津市公安交通管理局河东支队中山门大队在处理此次交通事故过程中，因未能查出肇事线缆所有权人，故未对此次交通事故作出《交通事故责任认定书》。该队于2009年4月15日为原告出具一份“交通事故证明”，证明了该事故发生的事实。现场照片显示肇事线缆从某电信公司的线杆上引出。谁来承担本案的法律责任成为案件争议的焦点。

案例评析

本案系交通事故引发的高某某诉电信公司健康权纠纷案。

本案通信线缆作为一种悬挂物,其坠落造成的损害赔偿应当适用过错推定责任原则。尽管本案损害事实的发生与津塘公路拓宽改造有一定的客观联系,但电信公司若为所有权人未能证明其完全不存在过错,应依法予以推定。在本案中,电信公司还负有举证线缆所有人的责任,因现场照片显示肇事线缆系从电信公司的线杆上引出。

应诉技巧

一、《交通事故责任认定书》和“交通事故证明”

《交通事故责任认定书》是公安交通管理局通过对交通事故现场的勘验、分析等作出的事故责任认定,一般对事故肇事方或责任人的责任进行具体划分,并依法确定承担赔偿责任的比例。当事人对交通事故责任认定不服的,可以申请复议或通过民事诉讼解决争议。

而本案中公安交通管理局河东支队中山门大队仅出具了“交通事故证明”,即:证明高某某在何时、何地发生了交通事故,对于事故的责任人并未予以确定。因肇事的通信线缆的所有权人未确定,高某某就无法向责任人主张赔偿的权利;而所有人一旦确定,且其不能证明自己没有过错时,就应当承担本案的侵权责任。

二、事故现场证据及相关责任推定

公安交通管理局河东支队中山门大队虽然对本案涉及的交通事故责任未进行认定，但对事故现场进行勘验时，拍摄了一些现场照片，且照片中显示肇事线缆从某电信公司的线杆上引出，某电信公司对于其线杆上悬挂的线缆的权利人是谁负有举证的责任。若电信公司不能证明肇事线缆的权利人，则人民法院可以推定电信公司为该线缆的权利人。

三、询问笔录

本案中，人民法院对电信公司的线路维护人员进行了询问，并将《询问笔录》中的内容作为了认定事实的依据。因线路维护人员确认连接肇事线缆的水泥杆及设施系电信公司的通信设施，故人民法院要求电信公司确认肇事线路的权利人。

四、通信公司对交通事故路段建设时的设计、竣工资料可作为认定涉案线缆所有权人的依据

本案审理中，电信公司如果认为涉诉路段的线缆非其所有，应当向人民法院提供证据，其中包括该路段通信设施竣工验收资料，以证明该案中肇事线缆的权利人不是电信公司。

管理建议

一、通信公司及分公司应将辖区内的所有通信设施情况进行核查，按照通信设施管理的规定进行定期巡线，如发现事故隐患，应及时进行报修，以防止和从根本上杜绝发生不必要的人身伤害或财产损失的事故。

二、通信设施的规划、设计、施工后，应将所有的竣工资料进行长期保存。特别是，通信工程终验报告更应保存完整。如遇因通信设施故障或损坏造成的事故，应认真查找上述资料，确定设施是否为电信公司所有。

三、主干道路上的通信线路改造后，将重新规划通信路由，线缆、光缆均已入地，地上遗留的线杆、线缆等通信设施应及时予以清理。否则，由此产生的任何事故均需承担责任。

相关法律规定

《中华人民共和国侵权责任法》第八十五条 建筑物、构筑物或者其他设施及其搁置物、悬挂物发生脱落、坠落造成他人损害，所有人、管理人或者使用人不能证明自己没有过错的，应当承担侵权责任。

《民法通则》第一百二十六条 建筑物或者其他设施以及建筑物上的搁置物、悬挂物发生倒塌、脱落、坠落造成他人损害的，它的所有人或者管理人应当承担民事责任，但能够证明自己没有过错的除外。

学理上通常将该条规定内容称之为建筑物致人损害责任或者建筑物责任。现实生活中，当所有人、管理人对上述物件存在维修、管理瑕疵导致他人受损的，以此作为归则的原则。

条文中所称“悬挂物、搁置物”，则是指放置或者悬吊在建筑物、构筑物等设施之上，非其组成部分的各种物件。例如：悬挂的线缆。

案例十三

交通事故引发的健康权纠纷案

案情简介

2009年2月15日凌晨，汉沽区海滨大道桥头北侧正在施工中,施工单位中铁十八局在未依法履行向某电信分公司告知义务的前提下,违法擅自移动该分公司的通信线路(包括线缆、线杆和钢索等),使得跨度近50米的杆路由三根线杆变成了两根,而且变更了线缆、钢索的整体支撑结构,造成线缆低垂至副桥桥面。一辆货车途经此处,与线缆相挂,将在主桥上捡木头的一位老太太刮倒,并与电力的水泥杆相撞致其当场死亡。

交通队经现场勘验,作出了由某电信公司承担交通事故部分责任的《责任认定书》。

死者的法定继承人向人民法院提起民事诉讼，将某电信公司、中铁十八局等作为被告，要求被告向原告赔偿50万元。

案例评析

本案系交通事故引发的健康权纠纷案。

中铁十八局作为建设单位未尽通知义务,且未经电信公司同意,道桥建设施工单位无权擅自改动或迁移原电信公司的电信线路及其他电信设施，施工单位按照自己的方式加固、提升线缆高度，不能保证线缆的安全，其有明显的过错。因法律规定：对于可能危及电信安全的，建设施工单位有义务采取必要的安全防护措施。施工现场管理人员对其临时搭建的线杆应尽合理的保护和注意义务，对于过往车辆应加以管理和限制。本案中中铁十八局存在明显的过错，未采取安全保护措施，未尽保护和注意义务，未管理好过往的车辆，是导致本案事故发生的客观原因之一，与事故发生有着必然的因果关系，其应当依法向原告承担赔偿责任。

而电信分公司对上述上诉人的过错行为根本无法预见，不应承担赔偿责任。

应诉技巧

一、根据《中华人民共和国电信条例》第四十九条规定，中铁十八局作为道桥建设施工单位无权擅自改动或迁移他人的电信线路及其他电信设施。

二、根据《中华人民共和国电信条例》第五十条规定，对于可能危及电信安全的，中铁十八局作为建设施工单位有义务采取必要的安全防护措施。中铁十八局未尽其义务，应当承担赔偿责任。

三、根据各方举证质证事实已经认定：本案案发前，中铁十八局作为道桥的施工单位，在未依法履行向电信分公司告知义务的前提下，违法擅自移动网通分公司的通信线路(包括线缆、线杆和钢索等)，使得跨度近50米的杆路由三根线杆变成了两根，而且变更了线缆、钢索的整体支撑结构。至此,已经存在严重的不安全隐患。

特别是,事故发生时,中铁十八局为工程作业,施工现场需要进出工程车辆,因此留有出口便于施工车辆通行,这也是行业内部通行的做法。事实上,施工单位根本未警示或阻止包括本案肇事车辆在内的施工车辆以外的车辆和行人的通行。本案案发后,各方当事人与人民法院法官数次去现场勘查,当时发案路段还未正式通车,但施工以外的车辆进出不断,根本无人管理。故中铁十八局根本未尽安全保障的义务。

管理建议

一、电信分公司接到派出所或交通队的事故电话后,应同公安部门一起勘查现场,可能的情况下留下影像证据;寻找目击证人;尽快恢复通信(抢修线路),减少用户投诉。

二、交通事故笔录:电信公司的事故经办人在交通队接受办案警官询问,并签署相关询问笔录时需特别谨慎,因该等在派出所或交通队所做的笔录至关重要,可作为认定责任事故的依据。

三、电信公司认为不应当承担事故的责任,但交通队作出了电信公司需承担事故责任的《责任认定书》后,法律救济途径是申请复议。《道路交通事故处理办法》第二十二条　当事人对交通事故责任认定不服的,可以在接到交通事故责任认定书后十五日内,向上一级公安机关申请重新认定;上一级公安机关在接到重新认定申请书后三十日内,应当作出维持、变更或者撤销的决定。

相关法律规定

《中华人民共和国电信条例》

第四十九条 任何单位或者个人不得擅自改动或者迁移他人的电信线路及其他电信设施；遇有特殊情况必须改动或者迁移的，应当征得该电信设施产权人同意，由提出改动或者迁移要求的单位或者个人承担改动或者迁移所需费用，并赔偿由此造成的经济损失。

第五十条 从事施工、生产、种植树木等活动，不得危及电信线路或者其他电信设施的安全或者妨碍线路畅通；可能危及电信安全时，应当事先通知有关电信业务经营者，并由从事该活动的单位或者个人负责采取必要的安全防护措施。

《民法通则》第一百二十六条规定：建筑物或者其他设施以及建筑物上的搁置物、悬挂物发生倒塌、脱落、坠落造成他人损害的，它的所有人或者管理人应当承担民事责任，但能够证明自己没有过错的除外。

《中华人民共和国公路法》第三十一条规定：因建设公路影响铁路、水利、电力、邮电设施和其他设施正常使用时，公路建设单位应当事先征得有关部门的同意；因公路建设对有关设施造成损坏的，公路建设单位应当按照不低于该设施原有的技术标准予以修复，或者给予相应的经济补偿。

《道路交通事故处理办法》第二十二条 当事人对交通事故责任认定不服的，可以在接到交通事故责任认定书后十五日内，向上一级公安机关申请重新认定；上一级公安机关在接到重新认定申请书后三十日内，应当作出维持、变更或者撤销的决定。

第七卷 涉嫌违法犯罪行为

案例十四

不正当竞争引发的破坏公用电信设施案

案情简介

某分公司管辖的分局发现外地一家网络公司在其辖区内架设通信管线和光缆，且以低于电信公司的宽带资费价格在该地区销售，但此时，这家外地网络公司还处于业务宣传期，尚未正式运营。

负责上述辖区网络发展的电信公司业务人员及网络建设人员将上述情况汇报给了当地的分局长。大家一研究，感觉外地这家网络公司对今后电信公司业务的发展将构成一定的竞争，甚至有的工作人员提出不能任其网络继续建设，必须把建好的线缆割断，分局长对此也未予正面制止。于是，部分电信公司的工作人员分工合作在一日间将外地网络公司在该地区所架设的网线分段割断。

外地网络公司发现线缆被割后，非常气愤，报警并张贴告示悬赏提供线索的举报人。不几日，割线的人员就相继接受公安刑侦部门的询问,随即全部供述割线事实。公安部门认定涉嫌刑事犯罪。

分公司领导接到报告后,考虑涉案人员系本单位职工,且目的是为了电信公司业务的发展,故决定出面进行斡旋。但此事涉及刑事犯罪,公安局管辖,分公司领导也不能干扰公安部门的立案、侦查工作,故解决此事变得十分棘手。

案例评析

本案系行业竞争中的违法行为案例。

电信行业不正当竞争,进而引发涉嫌刑事犯罪。随着国家对电信市场和一些电信业务的不断放开,三家运营商分羹电信市场的格局必将被打破,民营企业也适时进驻电信市场。此时,建立和完善合法有序的电信市场是我们的义务,同时也是我们的责任。

应诉技巧

对于上述案例中的那家网络公司,是否可以考虑从行政手段入手,例如:核查一下这家公司的资质(营业范围、特殊行业的资质、价格备案情况等)情况,寻找来自第三方的干预,乡、镇行政管理部门、村委会、村民等。

管理建议

一、电信公司对各岗位员工进行培训时,应增加法律常识的培训。特别是,可能存在法律风险的岗位,应当重点学习和培训,分清可能涉及刑事犯罪的行为界限,依法保护企业和员工的合法权益。

二、公司、分公司及各职能部门的领导应适时关注员工工作情况,发现问题及时制止,从根本上杜绝刑事犯罪行为的发生。

三、发现任何来自第三方对公司财产的侵权时,依法维护企业的合法权益。

(1)通过110报警,由公安机关确认侵权事实,并依法向侵权人或单位主张权利。

(2)向当地行政管理部门报告,要求管理机关行使监督、检查和行政处罚权。

(3)通过特快专递向侵权人发函,告知其停止侵权行为,及时通过法律途径向侵权人主张赔偿。

相关法律规定

《中华人民共和国刑法》第一百二十四条 【破坏广播电视设施、公用电信设施罪】破坏广播电视设施、公用电信设施,危害公共安全的,处三年以上七年以下有期徒刑;造成严重后果的,处七年以上有期徒刑。

过失犯前款罪的,处三年以上七年以下有期徒刑;情节较轻的,处三年以下有期徒刑或者拘役。

《最高人民法院关于审理破坏公用电信设施刑事案件具体应用法律若干问题的解释》(2004年8月26日最高人民法院审判委员会第1322次会议通过)(法释[2004]21号)

第一条 采用截断通信线路、损毁通信设备或者删除、修改、增加电信网计算机信息系统中存储、处理或者传输的数据和应用程序等手段，故意破坏正在使用的公用电信设施，具有下列情形之一的，属于刑法第一百二十四条规定的“危害公共安全”，依照刑法第一百二十四条第一款规定，以破坏公用电信设施罪处三年以上七年以下有期徒刑：

（一）造成火警、匪警、医疗急救、交通事故报警、救灾、抢险、防汛等通信中断或者严重障碍，并因此贻误救助、救治、救灾、抢险等，致使人员死亡一人、重伤三人以上或者造成财产损失三十万元以上的；

（二）造成二千以上不满一万用户通信中断一小时以上，或者一万以上用户通信中断不满一小时的；

（三）在一个本地网范围内，网间通信全阻、关口局至某一局向全部中断或网间某一业务全部中断不满二小时或者直接影响范围不满五万（用户　小时）的；

（四）造成网间通信严重障碍，一日内累计二小时以上不满十二小时的；

（五）其他危害公共安全的情形。

第二条　实施本解释第一条规定的行为，具有下列情形之一的，属于刑法第一百二十四条第一款规定的“严重后果”，以破坏公用电信设施罪处七年以上有期徒刑：

（一）造成火警、匪警、医疗急救、交通事故报警、救灾、抢险、防汛等通信中断或者严重障碍，并因此贻误救助、救治、救灾、抢险等，致使人员死亡二人以上、重伤六人以上或者造成财产损失六十万元以上的；

（二）造成一万以上用户通信中断一小时以上的；

（三）在一个本地网范围内，网间通信全阻、关口局至某

一局向全部中断或网间某一业务全部中断二小时以上或者直接影响范围五万(用户 小时)以上的;

(四)造成网间通信严重障碍,一日内累计十二小时以上的;

(五)造成其他严重后果的。

第三条 故意破坏正在使用的公用电信设施尚未危害公共安全,或者故意毁坏尚未投入使用的公用电信设施,造成财物损失,构成犯罪的,依照刑法第二百七十五条规定,以故意毁坏财物罪定罪处罚。

盗窃公用电信设施价值数额不大,但是构成危害公共安全犯罪的,依照刑法第一百二十四条的规定定罪处罚;盗窃公用电信设施同时构成盗窃罪和破坏公用电信设施罪的,依照处罚较重的规定定罪处罚。

附录

附录一

业务经营类案件事前、事中应对方案

一、极易引发纠纷的风险点

1. 联通公司单方变更业务收费标准、计费业务规则引发争议。

2. 联通公司在通过合约计划进行靓号管理过程中，在合约期满后，未与用户协商一致，限制继续使用“靓号”等特殊规则号码的用户选择低档套餐或要求用户继续承诺“月最低消费标准”或“每月保底消费”，引发争议。

3. 客户通过银行户按月支固话业务通信费用，后客户办理固话拆机但未通知银行。该固话号码后由其他客户开通使用，但话费仍由原客户银行账户缴付。

4. 用户主张未订购账单显示的增值电信业务，引发争议。

5. 用户主张两次尝试订购同一涉诉增值电信业务，均在未予二次确认的情况下显示订购成功并被扣取费用，引发争议。

6. 用户因收到群发商业广告短信、垃圾短信，认为受到骚扰、侵犯自身权利，引发争议。

7. 公司宣传内容与实际情况不符，如销售的合约机性能与实际产品不符，引发用户起诉公司涉嫌虚假宣传。

8. 公司在做相关产品、业务推广时，过分注重形象化、口语化宣传，没有对必要的规则要素、行业术语、使用限制等内容予以充分提示、说明，导致用户实际使用业务过程中出现大量争议。

9. 用户认为入网后拨打电话时经常出现无法接通或通话中断现象，购买电信服务的合同目的无法实现，引发争议。

10. 集团客户单位为员工的 3G 后付费用户无预存业务提供担保，员工与我公司签订 iPhone 合约计划业务协议后，该员工在协议期内连续数月发生欠费。

11. IPTV 业务引发网络传播权纠纷。

12. 因合同履行争议等原因迟延或拒绝向代理商支付佣金，引发争议。

13. 代理商违规办理业务，引发用户与联通公司的争议。

14. 代理商超越代理权、擅自改营其他通信企业产品或单方终止代理协议。

15. 联通公司与合作方在分成范围、结算基数等方面理解不一致引发争议；认为合作方存在违约行为，按照协议约定扣减相应款项，以合作方未按协议约定提供合作内容为由解除合同，合作方不予认可引发争议。

16. 小区进线工程中涉嫌实施商业贿赂行为受到行政机关处罚。

17. 其他涉嫌不正当竞争行为，如用户办理固网宽带业务时被告知必须同时办理 WCDMA3G66 元基本套餐业务且在网两年,涉嫌构成搭售行为;114 查号业务在用户查询信息时,首先播放公司签约的同类产品推广商户信息而非用户查询信息,违反了公平竞争的市场法律原则。

18. 公司经营网站与合作方共同侵犯著作权。公司与合作方签署《网络内容合作协议》,合作方负责向公司提供网络内容,合作方提供的影视作品未取得有效授权、授权超出范围或授权过期,造成公司被权利人起诉,要求公司承担侵权责任。

19. 公司委托广告公司制作宣传画,广告公司未经合法授权使用权利人的摄影作品或绘画作品,导致侵权,引发纠纷。

20. 公司发行电信卡未经著作权人许可使用权利人的摄影或绘画作品,造成侵权,引发纠纷。

21. 公司未经权利人许可在其经营的网站上使用权利人的影视或文字作品,造成侵权。

22. 公司未经软件著作权人许可使用权利人软件, 引发诉讼。

二、事前防范措施

1. 根据业务发展需要,公司需改变与用户约定的电信业务收费方式、资费标准、增加或减少收费项目和服务项目的,应当与用户协商,征得用户同意。可适当通过奖励话费、增加积分等商业手段引导用户同意变更协议。

2. 系统割接升级前,专业管理部门应重点关注可能影响原业务计费规则的变化,事前统计分析受影响的用户规模和特征,进行前期的风险评估,做好客服预案。在具体实施前要通过公告、短信等方式履行告知义务。

3. 严格遵守《信息产业部关于保障移动电话用户资费方案选择权的通知》(信部清[2006]630 号)要求,充分尊重用户的自主选择权,不得以任何方式限定电信用户使用指定的业务。对于特殊号码,可尽量采取单独套餐约定、预存话费等方式体现特殊业务规则。在与用户签署相应的服务协议时,有关套餐标准应尽量与所提供的业务内容相匹配。对于免除或限制自身责任的条款,必须以合理的方式提示用户注意。

4. 完善与银行间的托收操作方式,对固定号码和用户名进行双重比对。

5. 加强增值电信业务订购管理,规范二次确认环节。认真审查 SP 运营商或 CP 运营商通过公司移动网络发送给用户的短信的内容,将用户定制短信进行两次确认,第二次进行确认的消息一定要明码标价,明确告知收费标准、履行和解除合同的方式、履行的时限等内容。如果用户没有进行第二次点击确认,应视为用户不接受该短信服务。

6. 严格落实国家和公司有关垃圾短信治理要求,开展短信端口集中整治,严格规范新增端口短信业务,对存量端口进行清理整顿,对滥发垃圾短信的端口一律关停。

7. 提示用户利用手机等终端相关功能,设置短信拒收菜单,屏蔽不愿接收的发送者号码。通过设置不同类型的短信(私人信息、商业广告、新闻等)提示方式(铃声、振动或不提示),对信息服务进行选择。

8. 妥善长期保存客户定制增值电信业务的相关资料,证明用户是在知情自愿的情况下定制的业务，作为今后处理纠纷的有利证据。

9. 积极利用“基础电信企业垃圾短信网间联动处理平台”，提高跨网垃圾短信处理效率。

10. 针对诱骗用户订购业务的合作服务提供商，应通过公司有关规定及时有效管理。

11. 针对商业广告短信，明确广告发送方、用户和我公司之间的权利义务关系。

12. 认真贯彻落实用户实名制，便于在用户投诉或发生法律纠纷时及时查明短信发送方的身份，确定侵权人。

13. 进一步完善投诉处理机制，对违法违规发送非法短信的号码要及时按政府部门要求和公司规定封闭其短信发送功能或者列入“黑名单”进行特殊管理。

14. 向用户销售合约机时，作为产品销售者核对产品入网许可证、产品质量合格证等必备检验证明和基本信息。不得利用广告或者其他方法，对商品的质量、制作成分、性能、用途、生产者、有效期限、产地等作引人误解的虚假宣传。

15. 妥善保存与集团客户单位及员工签订的担保协议、业务协议，明确约定双方的权利义务关系，并注意收集留存用户欠费的证据。

16. 严格执行《集团客户 3G 后付费用户无预存优惠购机业务管理办法(暂行)》(中国联通集团[2012]106 号)和《集团客户 3G 无预存担保业务欠费责任追究管理办法》(中国联通集团[2013]303 号)，严格业务适用对象及评估流程，稳妥发展业务，并及时就经单位担保的个人用户的欠费情况通知号码使用人及担保人,敦促担保人协调员工及时交费或主动履行担保责任。

17. 加强对代理商的回款管理。根据代收费业务规模和代办方诚信记录,分级、分类要求代理商缴纳一定比例的保证金。对代收业务回款应做到日结日清,并建立对代收(办)费回款及时率的考核监督机制与预警机制,保证业务回款风险可控。

18. 加强合作协议条款的管理, 约定合作收入分配的比例、结算依据、方式及基数,尽可能明确合同解除的条件、合作期限等内容。针对CP/SP业务合作,应当按照公司相关规定,在协议中对计费结算模式、考核退出机制、违约处理机制进行细致、明确的规定。

19. 在合作协议中约定合同相对方不积极配合公司履行义务时的救济措施。如合作方在履约过程中存在违反协议约定的情形,应及时收集、妥善保存相关证据,争取通过协商方式解决。协商不能的,可视情况采取法律手段维护自身权益。

20. 加强对合作协议履行情况的全程监测与管控, 建立合同解除或者终止须书面通知的管控制度,及时确定合同的效力,最大限度地维护公司的利益。

21. 加强合作营业厅、代理商的管理工作,制定统一的服务规范和业务守则,并在合作协议中明确规定违反统一业务规则所需承担的违约责任。在合同签署时约定押金的返还条件,如必须经过业务清算等,为公司迟延返还或扣减对应数额的押金提供依据。

22. 专业管理部门应当高度重视《反不正当竞争法》《反垄断法》以及配套行政规章的学习与贯彻落实,防止出现具有不正当竞争情形的经营策略。

23. 举办有奖销售活动,应当向购买者明示其所设奖的种类、中奖概率、奖金金额或者奖品种类、兑奖时间、方式等事项。属于非现场即时开奖的抽奖式有奖销售,告知事项还应当包括开奖的时间、地点、方式和通知中奖者的时间、方式。对已经向公众明示的前款事项不得变更。在销售现场即时开奖的有奖销售活动,对超过五百元以上奖的兑奖情况,应当随时向购买者明示。

24. 公司在办公设备、网站建设时应购买正版软件,避免软件著作权人追究侵权责任。

25. 公司委托第三方提供服务时需使用软件的,应要求第三方提供软件合法使用证明,并要求其承担因软件著作权瑕疵引发的侵权责任。

三、事中应对措施

1. 充分搜集与争议相关的所有证据资料(如客户入网协议、缴费明细、话单明细、代理商合作协议、银行对账单、与代理商书面往来资料、邮件、通话记录等)。

2. 谨慎处理争议相对方的来访来电,鉴于有被对方录音录像的风险,避免因工作人员言行不当给对方提供不利证据。

3. 积极做好媒体工作,避免纠纷经媒体曝光后对案件审理造成不利倾向。

四、相关法律规定

1.《电信条例》第四十一条：电信业务经营者在电信服务中，不得有下列行为：

(一)以任何方式限定电信用户使用其指定的业务；

(二) 限定电信用户购买其指定的电信终端设备或者拒绝电信用户使用自备的已经取得入网许可的电信终端设备；

(三)违反国家规定，擅自改变或者变相改变资费标准，擅自增加或者变相增加收费项目；

(四)无正当理由拒绝、拖延或者中止对电信用户的电信服务；

(五)对电信用户不履行公开作出的承诺或者作容易引起误解的虚假宣传；

(六)以不正当手段刁难电信用户或者对投诉的电信用户打击报复。

2.《电信条例》第四十二条：电信业务经营者在电信业务经营活动中，不得有下列行为：

(一)以任何方式限制电信用户选择其他电信业务经营者依法开办的电信服务；

(二)对其经营的不同业务进行不合理的交叉补贴；

(三)以排挤竞争对手为目的，低于成本提供电信业务或者服务，进行不正当竞争。

3.《合同法》第八条：依法成立的合同，对当事人具有法律约束力。当事人应当按照约定履行自己的义务，不得擅自变更或者解除合同。

4.《合同法》第六十一条:合同生效后,当事人就质量、价款或者报酬、履行地点等内容没有约定或者约定不明确的,可以协议补充;不能达成补充协议的,按照合同有关条款或者交易习惯确定。

5.《民事诉讼法》第六十四条:当事人对自己提出的主张,有责任提供证据。

当事人及其诉讼代理人因客观原因不能自行收集的证据,或者人民法院认为审理案件需要的证据,人民法院应当调查收集。

人民法院应当按照法定程序,全面地、客观地审查核实证据。

6.《著作权法》第二十四条:使用他人作品应当同著作人订立许可使用合同。

7.《信息网络传播权保护条例》第十四条:对提供信息存储空间或者提供搜索、链接服务的网络服务提供者,权利人认为其服务所涉及的作品、表演、录音录像制品,侵犯自己的信息网络传播权或者被删除、改变了自己的权利管理电子信息的,可以向该网络服务提供者提交书面通知,要求网络服务提供者删除该作品、表演、录音录像制品,或者断开与该作品、表演、录音录像制品的链接。通知书应当包含下列内容:

(一)权利人的姓名(名称)、联系方式和地址;

(二)要求删除或者断开链接的侵权作品、表演、录音录像制品的名称和网络地址;

(三)构成侵权的初步证明材料。

权利人应当对通知书的真实性负责。

8.《信息网络传播权保护条例》第十五条：网络服务提供者接到权利人的通知书后，应当立即删除涉嫌侵权的作品、表演、录音录像制品，或者断开与涉嫌侵权的作品、表演、录音录像制品的链接，并同时将通知书转送提供作品、表演、录音录像制品的服务对象；服务对象网络地址不明、无法转送的，应当将通知书的内容同时在信息网络上公告。

9.《信息网络传播权保护条例》第十六条：服务对象接到网络服务提供者转送的通知书后，认为其提供的作品、表演、录音录像制品未侵犯他人权利的，可以向网络服务提供者提交书面说明，要求恢复被删除的作品、表演、录音录像制品，或者恢复与被断开的作品、表演、录音录像制品的链接。书面说明应当包含下列内容：

（一）服务对象的姓名（名称）、联系方式和地址；

（二）要求恢复的作品、表演、录音录像制品的名称和网络地址；

（三）不构成侵权的初步证明材料。

服务对象应当对书面说明的真实性负责。

10.《信息网络传播权保护条例》第十七条：网络服务提供者接到服务对象的书面说明后，应当立即恢复被删除的作品、表演、录音录像制品，或者可以恢复与被断开的作品、表演、录音录像制品的链接，同时将服务对象的书面说明转送权利人。权利人不得再通知网络服务提供者删除该作品、表演、录音录像制品，或者断开与该作品、表演、录音录像制品的链接。

附录二

客户服务类案件事前、事中应对方案

一、极易引发纠纷的风险点

1. 未经客户同意开通客户未定制的业务并收费。

2. 未经客户同意变更公司的业务套餐内容。

3. 因公司业务人员不当操作,造成客户订制业务内容错误。

4. 未经用户确认,错误办理过户及激活手续。

5. 未核实确认用户身份,错误办理开户手续。

6. 集团客户办理手机担保免预存业务,出现恶意欠费或套机情形。

7. 代收费项目因公司系统接收取消服务指令失败,造成计费错误,引发诉讼。

8. 在代增值服务提供商收取增值业务或信息服务费用时,没有要求被代理方履行告知客户的义务,导致客户对于扣取的费用有争议。

9. 业务人员开通业务时, 未按公司流程签署书面业务单,使公司因无法提供有利证据承担不利后果。未核实确认用户身份,办理申请停机或过户手续。

10. 代理商超出公司授权, 擅自利用公司名义进行营销活动,后因代理商未能兑现对客户的承诺,引发纠纷。

11. 接待大厅的座椅绊倒用户，致使用户人身受到伤害引发诉讼。用户在公司办理业务，与公司员工发生肢体冲突引发诉讼。

12. 业务开办时用户信息错误，导致在收费环节因主体错误造成欠费无法追索。

二、事前防范措施

1. 加强业务人员培训，建立健全业务复核机制，避免人为操作失误引发纠纷。

2. 开通、变更及过户服务，需要认真核对相关客户有效证件，尽量做到人证一致，并签订书面协议。

3. 套餐类业务，应当在为用户办理业务时进行说明解释，避免双方产生理解歧义。合同签署后不得单方变更约定内容，如果因为业务发展需要进行调整，应取得客户的书面同意或采取优惠措施引导客户变更合同，避免承担违约责任。

4. 对于集团客户担保，员工免预存办理入网合约计划，发生员工恶意欠费、套机等情形，应严格审核入网时担保单位资信并要求担保单位提供反担保。

5. 定期维护、核查系统，特别注意核对我方与合作方系统接受、发送数据的准确性，发现错误，应及时修正。

6. 公司在代为收取增值业务费用前，应按照信息产业部《关于规范移动信息服务业务资费和收费行为的通知》要求，采取适当方式公开由其负责向用户收费的全部信息服务业务的相关信息，包括企业名称、服务接入代码、具体业务名称、业务内容、资费标准、客服电话及其他应告知用户的事项,以便用户查询和使用。用户申请订制增值服务业务时,公司应当事先请求用户确认,给用户发送的请求确认信息中,必须包括移动信息服务企业的名称、具体业务名称、资费标准、退订方式等应告知用户的信息。公司应按有关规定对客户订制服务的记录予以保存,直至用户取消该项业务后,再至少保存五个月。记录包括客户申请订制、公司请求确认、客户确认反馈等信息的发送与接收时间、发送端与接收端的电话号码(或服务接入代码)以及具体信息内容。

7. 加强对客户身份的审查及其程序文件的签订。若发现一人持有多个号码的应加强主动稽核。业务人员在开通业务时,应严格按照公司流程签署书面业务单,并妥善保管。要求代理商开通业务时,也应严格按照公司流程签署书面业务单。加强对客户资料的三方核对工作,发现不一致应及时变更。

8. 加强对代理商的业务管控,审核代理商的资信,对于代理商违规办理业务和入网手续的,按照代理商管理相关要求追究其违约责任。在与代理商签订的协议中明确相关赔偿条款,要求代理商直接赔偿客户损失。建立代理商代理活动的定期报告制度及对代理商的定期考核检查制度,发现问题及时处理。

9. 加强公司运营场所安全提示设置,并加强巡查、管理工作。

10. 增强业务人员的责任意识,在办理业务时加强对客户身份的审查,核实其资料的原件与复印件,对特殊情况书面注明,并要求客户本人签字。业务人员在开通业务时,应严格按照公司流程签署书面业务单,并妥善保管。

三、事中应对措施

1. 严格按照公司业务规定和客户服务规范对客户统一口径,避免解释内容不一致,避免纠纷升级。

2. 纠纷发生单位需调查汇总全部事实,避免由于纠纷事实调查不清、不准等情况导致处理纠纷过程中公司处于被动地位。

3. 充分搜集和保留与争议相关的所有证据资料(如客户入网协议、缴费明细、话单明细、营业厅视频监控录像、代理商合作协议、银行对账单、与代理商书面往来资料、邮件、通话记录等)。

4. 谨慎处理争议相对方的来访来电,鉴于有被对方录音录像的风险,避免因工作人员言行不当给对方提供不利证据。

5. 积极做好媒体工作,避免纠纷经媒体曝光后对案件审理造成不利倾向。

6. 纠纷依和解协议或法院判决形成最终解决方案后,相关部门要对解决过程严格监督,避免形成再度违约。

四、相关法律规定

《电信条例》

第33条 电信用户申告电信服务障碍的,电信业务经营者应当自接到申告之日起,城镇48小时、农村72小时内修复或者调通;不能按期修复或者调通的,应当及时通知电信用户,并免收障碍期间的月租费用。但是,属于电信终端设备的原因造成电信服务障碍的除外。

第 34 条 电信业务经营者应当为电信用户交费和查询提供方便。电信用户要求提供国内长途通信、国际通信、移动通信和信息服务等收费清单的，电信业务经营者应当免费提供。

电信用户出现异常的巨额电信费用时，电信业务经营者一经发现，应当尽可能迅速告知电信用户，并采取相应的措施。

前款所称巨额电信费用，是指突然出现超过电信用户此前三个月平均电信费用 5 倍以上的费用。

第 35 条 电信用户应当按照约定的时间和方式及时、足额地向电信业务经营者交纳电信费用；电信用户逾期不交纳电信费用的，电信业务经营者有权要求补交电信费用，并可以按照所欠费用每日加收 3‰的违约金。

对超过收费约定期限 30 日仍不交纳电信费用的电信用户，电信业务经营者可以暂停向其提供电信服务。电信用户在电信业务经营者暂停服务 60 日内仍未补交电信费用和违约金的，电信业务经营者可以终止提供服务，并可以依法追缴欠费和违约金。

经营移动电信业务的经营者可以与电信用户约定交纳电信费用的期限、方式，不受前款规定期限的限制。

电信业务经营者应当在迟延交纳电信费用的电信用户补足电信费用、违约金后的 48 小时内，恢复暂停的电信服务。

第 36 条 电信业务经营者因工程施工、网络建设等原因,影响或者可能影响正常电信服务的,必须按照规定的时限及时告知用户,并向省、自治区、直辖市电信管理机构报告。

因前款原因中断电信服务的,电信业务经营者应当相应减免用户在电信服务中断期间的相关费用。

出现本条第一款规定的情形,电信业务经营者未及时告知用户的,应当赔偿由此给用户造成的损失。

第 41 条 电信业务经营者在电信服务中,不得有下列行为:

(一)以任何方式限定电信用户使用其指定的业务;

(二)限定电信用户购买其指定的电信终端设备或者拒绝电信用户使用自备的已经取得入网许可的电信终端设备;

(三)违反国家规定,擅自改变或者变相改变资费标准,擅自增加或者变相增加收费项目;

(四)无正当理由拒绝、拖延或者中止对电信用户的电信服务;

(五)对电信用户不履行公开作出的承诺或者作容易引起误解的虚假宣传;

(六)以不正当手段刁难电信用户或者对投诉的电信用户打击报复。

第 42 条 电信业务经营者在电信业务经营活动中,不得有下列行为:

(一)以任何方式限制电信用户选择其他电信业务经营者依法开办的电信服务;

(二)对其经营的不同业务进行不合理的交叉补贴;

(三)以排挤竞争对手为目的,低于成本提供电信业务或者服务,进行不正当竞争。

《消费者权益保护法》

第 41 条 经营者提供商品或者服务，造成消费者或者其他受害人人身伤害的,应当支付医疗费、治疗期间的护理费、因误工减少的收入等费用,造成残疾的,还应当支付残疾者生活自助具费、生活补助费、残疾赔偿金以及由其扶养的人所必需的生活费等费用;构成犯罪的,依法追究刑事责任。

第 44 条 经营者提供商品或者服务，造成消费者财产损害的,应当按照消费者的要求,以修理、重作、更换、退货、补足商品数量、退还货款和服务费用或者赔偿损失等方式承担民事责任。消费者与经营者另有约定的,按照约定履行。

《合同法》

第 8 条 依法成立的合同，对当事人具有法律约束力。当事人应当按照约定履行自己的义务,不得擅自变更或者解除合同。

第 61 条 合同生效后,当事人就质量、价款或者报酬、履行地点等内容没有约定或者约定不明确的，可以协议补充;不能达成补充协议的,按照合同有关条款或者交易习惯确定。

《民事诉讼法》

第 64 条 当事人对自己提出的主张,有责任提供证据。

当事人及其诉讼代理人因客观原因不能自行收集的证据,或者人民法院认为审理案件需要的证据,人民法院应当调查收集。

人民法院应当按照法定程序,全面地、客观地审查核实证据。

附录三

通信建设类案件事前、事中应对方案

一、极易引发纠纷的风险点

1. 公司未经审批即开工建设项目,或项目先开工,后申报审批,或竣工后补办相关审批手续,或施工内容与审批内容不一致,或超过审批范围开工,或超过审批期限开工,从而造成建设项目属于违规建筑,建设主管部门给予行政处罚。

2. 与施工方等第三人发生法律纠纷时,如项目审批存在瑕疵,公司将承担不利法律后果。

3. 承包方违法分包或转包工程,公司向承包方支付了工程款后,承包方未向实际施工单位(或实际施工人)支付款项,导致实际施工单位(或实际施工人)要求公司支付工程款。

4. 承包方违法分包或转包工程,实际施工单位(或实际施工人)不具备通信设施施工资质,工程质量无法保障,后续因工程质量问题导致人身、财产损害,使公司承担赔偿责任。

5. 公司未与施工单位签订书面的工程承包合同,采用口头方式约定相关施工事项,以致发生施工工程质量纠纷时,由于未对质量标准等关键事项进行书面约定,导致难以认定施工方的责任。

6. 未与施工单位签订书面合同,导致施工结算缺乏依据,双方对施工结算发生争议时,被迫采取施工方主张的“据实结算”来结算工程款,损害公司利益。

7. 公司未按照施工合同约定按时支付工程款,或发包人未向公司支付工程款,导致施工方以工程款不到位为由拖延工期、追索工程款,引发诉讼纠纷。

8. 工程量变更,公司无法与施工方就变更的工程量达成一致,导致公司未支付工程款,引发诉讼纠纷。

9. 工程验收合格后,工程款结算前,施工方将款项债权转让给第三方,第三方向公司主张债权,引发诉讼纠纷。

10. 因工程施工合同相对方的其他涉诉事项,法院对未结工程款采取保全措施,如查封、扣押、冻结等。在保全措施未解除前,公司擅自向合同相对方支付工程款,法院强制执行不能时,导致公司受到司法处罚,责令追回相应款项并处以罚款,相关责任人还有可能面临司法拘留。

11. 施工单位安全保护措施不到位,导致施工人员人身伤害,公司作为发包方被诉要求承担赔偿责任。

12. 施工单位违反有关施工安全规定,未设置安全警示标志导致他人人身伤害或财产损失,公司作为发包方被诉要求赔偿经济损失。

13. 公司建设通信设施、架设线杆等,不符合国家、行业或地方的建设标准,导致发生他人人身或财产损害,引发诉讼纠纷。

14. 利用他人楼顶架设通讯基站, 未采取防水措施导致他人屋顶漏水,引发诉讼纠纷。

15. 利用他人外墙架设电缆未采取保护措施导致他人房屋墙体开裂、破损,引发诉讼纠纷。

16. 未经小区业主同意,仅与小区物业公司签订合同,利用小区楼顶建设基站,或改变房屋用途建设机房,引发诉讼纠纷。

17. 未经房屋所有人同意,利用其墙面、屋顶建设通信设施,侵犯了房屋所有权人的物权,同时造成房屋的损害,引发诉讼纠纷。

18. 承租转租的土地或房屋时, 未经真实权利人许可架设通信线路,引发诉讼纠纷。

19. 租用土地建设通信设施,但对土地权属判断错误,与非土地实际权利人签署土地租赁合同,实际权利人主张土地权利,引发诉讼纠纷。

20. 公司与村委会等集体组织签订土地使用权的租赁合同, 该土地的承包经营人或其他实际占有使用人提出异议;或公司与土地承包经营人签订了租赁合同,村委会等集体组织提出异议,引发诉讼纠纷。

21. 施工或设备运行产生的噪音、震动、辐射对环境造成污染,侵犯第三人的人身权或财产权,引发诉讼纠纷。

22. 建设通信设施未按照要求办理环评手续，导致公司受到环保部门的行政处罚。

23. 公司通信设施影响相邻权人享有的合法财产权利，因此易引发侵权诉讼,如安全距离不符合通信设施的规范要求,被要求排除防碍、拆除设备,并赔偿对方经济损失。

二、事前防范措施

1. 应确保严格执行项目申报审批程序,项目未经审批不得开工建设,开工后则应保证在审批期限内完工。

2. 在建设工程施工合同中明确约定承包方非法分包或转包的违约责任，加重其因非法分包或转包需承担的违约金。加强对承包方的监督管理,及时发现非法转包、分包行为,及时行使合同解除权。

3. 加强对施工单位施工资质的监督管理,确保中标施工单位必须具备相应的资质要求,严禁将工程发包给无资质的施工单位。

4. 严格执行《天津联通合同管理规定》,施工合同签约监督管理,无论施工工程大小,均须签订书面合同。

5. 工程施工合同明确约定工程款的验收、计价及结算方式和期限,避免理解歧义。工程验收合格后,应当尽快按照合同约定支付相应款项。

6. 因设计方案、工程量等发生变更时,应及时与施工方协商,并签署补充协议或变更协议。

7. 施工过程中,如双方对部分施工项目一致同意作出变更,在不能签订书面变更协议时,应以有效书面工程洽商的方式记录变更内容,并及时注意工程进度记录,必要时要求施工方或其代表人在工程进度记录上签字确认。

8. 在诉讼保全期内，公司不得向任何人支付相应款项，以免因妨碍民事诉讼而被处以罚款等强制执施。

9. 将通信设施建设工程发包给承包单位施工,在签订施工承包合同时,应明确约定在施工过程中造成施工人员或第三人人身、财产损害的,由施工单位承担法律责任,包括负责解决纠纷、赔偿损失等。

10. 加强对工程安全生产条件、工程质量进度等监督检查,聘请工程监理单位加强监管。也可以要求施工单位缴纳保证金、担保金等,用以清偿因施工单位安全措施不到位导致的他人人身和财产损害。避免可能因承包人的安全生产条件或施工质量存在隐患而导致的法律风险。

11. 建设通信设施,除严格遵守施工操作规程外,应根据建筑物的不同情况,对屋顶、墙体、楼面等部位采取必要的保护措施,防止给他人财产造成损害。

12. 定期对公司架设的电缆、基站等进行维护检查,确保设备设施运转正常、未对所占用建筑物构成损害,如若发现存在安全隐患,应当及时修复、改善,避免损失扩大。

13. 欲在住宅小区搭建设施时应注意建筑物所有权的主体为业主,若已与开发商或物业公司签订租赁合同,应加大开发商或物业公司的违约责任,一旦发生损失,可以向其追偿。

14. 利用他人设施架设通信线路的，应事先取得权利人的许可，审核他人对相关设施设备享有权利的证明文件。

15. 利用他人设施架设通信线路的，应合理设计通信线路部图，避免造成权利人行使权利障碍或造成财产损失。

16. 签署租赁合同前，核实合同签订人为利用建筑物的真正权利人，有权出租房屋。例如，签订人是房屋所有权人的，应当出示房屋所有权证书；签订人为承租人的，应当出示房屋租赁合同，合同上不应有限制承租人转租的约定；签订人为房屋所有权人代理人的，应当出示委托代理合同。这些权利证明文件应当作为合同附件，妥善保管。

17. 核实土地使用权的权属情况，了解是否存在土地登记使用权人与实际使用人不一致的情形，要求出租方提供土地使用权证，确认土地权属情况，防止与无出租权人签订土地租赁协议。如土地出租方系以租赁方式获得土地使用权，应核实其出租行为是否获得土地使用权人的同意及认可。如果可能，尽量要求土地使用权人与出租方共同签署土地租赁合同。

18. 承租集体用地时，应审核租赁土地上是否存在土地承包经营等其他用益物权。如果难以查明，在与集体组织签订合同时，应当由集体组织保证土地上不存在其他用益物权人，并明确对方协助建设设施的义务，约定如果发生与地上其他用益物权人的纠纷，集体组织应当负责协调一致，如果因此导致公司损失，由集体组织进行赔偿。

19. 在项目实施前，应当按照有关规定做好环评及相应的报告、报备工作，避免公司遭受环保部门的行政处罚。

20. 在开工建设通信设施之前，应当做好建设对施工地点周边居民的环境影响的评估工作。结合施工现场实际情况,采取妥善措施减小对环境的影响,确保施工的正常进行。具体施工时,应严格按照通信行业关于通信设施安全距离的规范要求安装通信设施,并采取适当措施减少设备运转对环境及周边居民产生的影响。

21. 对已经安装的通信设施进行检查,加强巡检,发现对环境不良影响的隐患,及时采取相应的措施补救。

22. 严格按照通信行业关于通信设施安全距离的规范要求安装通信设施。对已经安装的通信设施进行检查,如发现有不符合安全距离要求的,应采取相应的措施,避免损害的发生。

三、事中应对措施

1. 违法分包或转包并不当然导致发包人与承包人签订的合同无效,而是赋予发包人解除与转包人之间的建设工程施工合同的权利。公司发现承包人违法分包或转包时,可以及时行使合同解除权。

在签订施工承包合同时,已明确约定在施工过程中造成施工人员或第三人人身、财产损害的,由施工单位承担法律责任,包括负责解决纠纷、赔偿损失等。

2. 若施工单位擅自将部分或全部工程转包给任何第三人,确认施工单位系违约行为,将按照合同约定要求其承担违约责任。

3. 因施工单位擅自转包,且在施工过程中造成施工人员或第三人人身、财产损害时,全部法律责任将由施工单位承担。

4. 在通信设施的建设中，若发现施工单位违约和(或)监理单位发生违约行为时，应立即予以制止，并告知其应当承担的法律责任。

5. 当施工单位违约和(或)监理单位发生违约行为，且拒不听从劝告时，公司应立即以特快专递的形式向违约方送达函件，告知违约行为及法律后果。

6. 对于拒不按照工程施工合同、监理合同约定履行的，公司应立即启动诉讼程序，依法解决纠纷，维护公司合法权益。

7. 在法院强制执行阶段已被保全的财产若涉及他人合法权益，则公司可提起执行异议，对异议裁定不服，还可以向上一级人民法院提起复议，但原执行裁定被撤销前，公司不可擅自处分已被法院采取保全措施的财产。

8. 因在住宅小区搭建设施已与住宅小区业主发生纠纷诉讼，可追加签订租赁合同的相对方(如开发商或物业公司)为共同被告或第三人，以将公司可能承担的责任及损失降到最低。

四、相关法律规定

1.《电信条例》第四十九条：任何单位或者个人不得擅自改动或者迁移他人的电信线路及其他电信设施；遇有特殊情况必须改动或者迁移的，应当征得该电信设施产权人同意。

2.《物权法》第七十条：业主对建筑物内的住宅、经营性用房等专有部分享有所有权，对专有部分以外的共有部分享有共有和共同管理的权利。

3.《物权法》第七十七条:业主不得违反法律、法规及管理规约,将住宅改变为经营性用房。业主将住宅改变为经营性用房的,除遵守法律、法规及管理规约外,应当经有利害关系的业主同意。

根据相关法律规定,如果人身损害是由于安全生产事故造成的,发包人、分包人知道或者应当知道接受发包或者分包业务的雇主没有相应资质或者安全生产条件的,发包人和分包人与雇主承担连带赔偿责任。

附录四

采购物流类案件事前、事中应对方案

一、极易引发纠纷的风险点

1. 必须进行招标的项目而不招标的,将必须进行招标的项目化整为零或者以其他任何方式规避招标的。

2. 招标人以不合理的条件限制或者排斥潜在投标人的,对潜在投标人实行歧视待遇的,强制要求投标人组成联合体共同投标的,或者限制投标人之间竞争。

3. 依法必须进行招标的项目的招标人向他人透露已获取招标文件的潜在投标人的名称、数量或者可能影响公平竞争的有关招标投标的其他情况的,或者泄露标底。

4. 结算时拖欠设备款。

5. 对方未按合同约定的质量要求提供货物或服务。

二、事前防范措施

1. 严格执行公司采购制度，按照合同约定履行权利义务。

2. 及时清理、汇总未履行或未全部履行的采购合同情况,采取相应的措施。

3. 在招标投标中,若发现任何单位、个人违法违纪,应立即予以制止,并向单位领导及相关管理部门报告。对于招标投标过程中出现的违法违纪行为,公司认为必要时,可向公安机关进行报告。

4. 订立设备购买合同时，详细约定验收调试的时间、地点、验收项目及内容,视为验收调试合格的条件,验收不合格的处理办法等。

三、事中应对措施

1. 对不满足合同要求质量的货物或服务,及时按照合同要求采取退货或追责等措施,避免对第三方的违约。

2. 公司在采购中应严格按照合同中的约定实际履行,履行中若发现对方违约,应及时予以纠正,并以特快专递的方式向违约方送达书面函件,告知对方违约行为和法律后果。

3. 对于拒不按照合同约定履行的,公司应立即启动诉讼程序,依法解决纠纷,维护公司合法权益。

四、相关法律规定

1.《合同法》第六十条:当事人应当按照约定全面履行自己的义务。

2.《合同法》第一百零七条:当事人一方不履行合同义务或者履行合同义务不符合约定的,应当承担继续履行、采取补救措施或者赔偿损失等违约责任。

3.《招标投标法》第四十九条:违反本法规定,必须进行招标的项目而不招标的,将必须进行招标的项目化整为零或者以其他任何方式规避招标的,责令限期改正,可以处项目合同金额千分之五以上千分之十以下的罚款;对全部或者部分使用国有资金的项目,可以暂停项目执行或者暂停资金拨付;对单位直接负责的主管人员和其他直接责任人员依法给予处分。

4.《招标投标法》第五十二条:依法必须进行招标的项目的招标人向他人透露已获取招标文件的潜在投标人的名称、数量或者可能影响公平竞争的有关招标投标的其他情况的,或者泄露标底的,给予警告,可以并处一万元以上十万元以下的罚款;对单位直接负责的主管人员和其他直接责任人员依法给予处分;构成犯罪的,依法追究刑事责任。

5.最高人民法院《关于审理建设工程施工合同纠纷案件适用法律问题的解释》第八条第四项:承包方将承包的建设工程非法转包、违法分包的,发包方有权解除建设工程施工合同。

附录五

网络运维类案件事前、事中应对方案

一、极易引发纠纷的风险点

1. 悬空线缆因老化、突发事故、天气等原因导致其线缆架设高度不再符合线缆架设行业标准，过往车辆或行人被下垂的线缆挂住，造成人身伤亡或财产损失。

2. 设施架设不牢固，因大风等天气原因导致受损，破损的设施给周围人员、财产的安全造成潜在威胁或实际损害。

3. 通信线杆的拉线等未使用绝缘线材或未设置绝缘保护措施，通信线路拉装混乱，致使通信线路与电力线路交叉或搭挂，破损的通信线杆的拉线、通信线路等通信设施与输电线路接触，导致通信设施导电，致使他人人身伤亡。

4. 通信线杆的拉线等通信设施未设置明显的警示标志，他人行进（步行或摩托、开车，尤其是夜间）过程中被钢绞线挂倒，造成他人人身伤亡或财产损失。

5. 他人过失致电信设施损坏。如因车辆通行挂断电话线、钢绞线，同时造成第三方人身或财产损失。

6. 通信井高于地面而未设置明显警示标志或者通信井的井盖丢失或损坏，不能起到安全保护作用，他人被绊倒、掉入通信井中而造成人身伤亡、财产损失。

7. 维修施工过程中未采取设置警示标识等安全防护措

施,或虽采取了安全防护措施,但措施不当,造成员工或他人的人身伤害或财产损害。

8. 由于他人的施工行为而导致公司的通信设施被破坏,从而造成公司的经济损失、通信信号中断等,引起网络使用者与公司之间的纠纷。

9. 因直接责任人的刑事犯罪行为(如盗割、故意破坏通信线路)导致公司直接发生经济损失,公司通信线路遭受损害,影响公司通信设施的正常运行,并会影响公司对客户的服务质量,进而引起客户与公司之间因提供网络服务而发生的纠纷。

10. 架设电杆与原有的架设通信电缆相并行,间距不符合安全要求或与已建电缆有压挂、接触等现象;在非联通公司管道内铺设线路,影响已建通信设施的正常使用;其他运营商在联通公司管道内铺设线路,影响联通公司已建通信设施的正常使用。

二、事前防范措施

1. 对设施设置标志,并标明产权人。

2. 为了保证车辆行驶和行人通行的需要,在公路建筑限界内不允许有任何障碍物,不允许设置公路标志牌、护栏、行道树、电杆、信号机、照明等各种设施。其中,公路建筑限界包括行车道、中间带、硬路肩、应急停车带、自行车道、人行道等。根据《公路工程技术标准》的规定:“净高,一条公路应采用一个净高。高速公路和一级、二级公路为5.0m,三、四级公路为4.5m。”建议在架设过路线缆时,按照上述标准和各级公路实际情况分别满足架设标准，并应考虑路面维修加铺的可能及冬季可能积雪的厚度等因素。

3. 加强对通信设施的日常维护，定期加固线杆，并随时排查是否存在线杆架设不牢固、线杆倒塌或折断、线缆低垂低于安全高度、线缆导电等方面的安全隐患，以保障通信设施的正常运行，避免人身和财产损失。

4. 加大通信设施巡视力度，发现安全隐患及时设置安全警示标志，防止发生次生事故。

5. 针对可能发生的大风、暴雨、洪水、雪灾等恶劣天气制定应对预案，提前对易损坏的通信设施进行加固或采取其他保护措施。

6. 对行人可以直接接触的线杆、拉线等通信设施涂刷夜光粉或设置其他警示标示，以利于夜间出行车辆及行人辨认，防止安全事故的发生。

7. 建立健全维护工作的日志记录及保管制度，以利于在相关案件中向法院提供充分翔实的维护记录，证明公司作为通信线路的所有人或者管理人已经尽到了足够的注意及维护义务，以减轻或避免公司承担责任。

8. 完善对突发安全事故的快速应对机制，加强对维修工人应对突发安全事故维修技能的培训；建立责任追究制度，如因维修人员懈怠或疏于检查导致维修不及时或损失扩大，应对相关维护人予以相应的处罚，并要求其对相关损失承担连带赔偿责任。

9. 加强对井盖的管理监督，建立井盖设施的巡查管理和维修责任制度，实施常规巡查管护。发现井盖丢失、损坏、移位、翻盖或者接到报修通知后,应当及时到达现场,及时进行补装、更换或维修。

10. 进行井盖设施维修、检查等作业时,应按规定在井口周围设置护栏、标志或采取其他安全措施。施工结束后应及时清理现场,达到建筑设计规范。

11. 对于废弃的通信井应当及时予以填埋。

12. 经常进行护线宣传,与各地综合治理委员会及沿线各单位密切联系,搞好护线联防。

13. 联合当地废品收购部门打击盗窃井盖行为。对违法收购、损坏井盖设施和井盖丢失情况进行举报或报告的,经核实,可对第一举报人按规定予以表扬或奖励。

14. 协助公安机关侦破破坏通信设施的案件,建立有奖举报制度,扩大破案线索来源。

15. 如存在公司将通信井等通信设施委托他人施工或管理等情形的,公司应在委托合同中与受托方对双方的权利义务进行明确约定,约定如由于受托方管理不善等原因,致使委托管理的通信设施造成他人人身伤亡或财产损失的,应当由受托方承担全部赔偿责任等。

16. 因道路改造、城市规划调整等市政建设原因,导致部分原先符合安全规范的通信设施迁至道路中央、交通干道等地的问题,应加强与市政规划、市政建设等行政部门的沟通与联系,力争在城市改造过程中同步完成附随的通信设施迁改工程,减少事故隐患。

17. 在公司埋设通信光缆等隐蔽工程的地面设置明显提示标志,提示第三方地下通信光缆的埋设位置、布线走向及埋设深度。

18. 定期对员工进行安全施工培训及必要的考核，对施工过程中是否采取安全防护措施加强监督，建立责任追究制度，如因故意或重大过失在施工过程中未采取安全防护措施而导致安全事故发生的责任人追究相关责任。

19. 避免帮工行为的发生。因帮工行为而致帮工人或他人人身或财产损害的，应向相关责任人追究责任。

20. 发现他人在公司埋设的通信光缆附近施工，应及时告知施工方通信光缆的铺设位置、布线走向以及埋设深度。通知方式应以书面形式为妥，最好附具通信光缆的埋设线路图，并要求施工方出具书面文件以确认其已经收到公司的书面通知。对于破坏主体明确、侵权事实清楚的事故，应尽量与施工方通过和解的方式解决争议，如不能达成和解协议，应通过司法途径维护公司的合法权益。

三、事中应对措施

1. 发生他人施工行为致使公司通信线路损坏时应及时采取相应的措施保全证据(如拍照、录音、公证)等。

2. 及时报警，并注意在民警或交警到达之前，维持好事故现场的秩序，保留现场物证。留存由于第三方过错致损害发生的证明材料(如交通管理部门出具的交通事故责任认定书、出警记录等)。

3. 积极搜集证明我公司尽到谨慎维护义务的证据材料(如日常维护、巡视记录)；证明公司作为通信线路的所有人或者管理人已经尽到了足够的注意及维护义务，以减轻或避免公司承担责任。

4. 对方当事人提出赔偿的各种证据材料是否符合相关法律规定(如《最高人民法院关于审理人身损害赔偿案件适用法律若干问题的解释》中对医疗费、误工费、护理费、交通费、住宿费、住院伙食补助费、营养费等的认定)。

5. 注重搜集他人损失系由第三方行为造成的证据,为公司及他人向第三方的索赔提供依据。

6. 注重搜集受害人对其人身伤亡或财产损失后果的发生或损失的扩大是否存在故意或过失的相关证据(如受害人是否存在酒后驾驶、未戴安全帽或超速驾驶摩托车、未按交通指示灯通行、无证驾驶等情形),如果受害人存在故意或过失,则可以减轻公司相应的赔偿义务。

7. 因市政工程(包括但不限于道路拓宽改造、架设桥梁等)而引发的通信工程改造(地上改地下或桥下、变更路由重新架设等)需与市政工程发包单位、建设单位等签订相关的通信工程改造补偿协议。在双方或多方协商过程中,应注意保存来往函件,且我公司与任何一方的来往函件需通过特快专递方式送达,并注意保留邮寄凭证。

8. 如某通信设施的维护外包给第三方的,在公司被诉后,可向法院申请追加该第三方为共同被告。实践中法院可能同意追加,也可能以不属于同一法律关系为由,不同意追加。同意追加的,可与第三方协商确定由其承担赔偿责任,调解结案,避免公司承担赔偿责任后,仍需起诉第三方向其追偿,增加诉讼成本。

四、相关法律规定

1.《民法通则》第一百一十九条:侵害公民身体造成伤害的,应当赔偿医疗费、因误工减少的收入、残废者生活补助费等费用;造成死亡的,并应当支付丧葬费、死者生前扶养的人必要的生活费等费用。

2.《民法通则》第一百二十五条:在公共场所、道旁或者通道上挖坑、修缮安装地下设施等,没有设置明显标志和采取安全措施造成他人损害的,施工人应当承担民事责任。

3.《民法通则》第一百二十六条:建筑物或者其他设施以及建筑物上的搁置物、悬挂物发生倒塌、脱落、坠落造成他人损害的,它的所有人或者管理人应当承担民事责任,但能够证明自己没有过错的除外。

4.《民法通则》第一百三十一条:受害人对于损害的发生也有过错的,可以减轻侵害人的民事责任。

5.《侵权责任法》第六条:行为人因过错侵害他人民事权益,应当承担侵权责任。根据法律规定推定行为人有过错,行为人不能证明自己没有过错的,应当承担侵权责任。

6.《侵权责任法》第十六条:侵害他人造成人身损害的,应当赔偿医疗费、护理费、交通费等为治疗和康复支出的合理费用,以及因误工减少的收入。造成残疾的,还应当赔偿残疾辅助器具费和残疾赔偿金。造成死亡的,还应当赔偿丧葬费和死亡赔偿金。

7.《侵权责任法》第二十六条:被侵权人对损害的发生也有过错的,可以减轻侵权人的责任。

8.《刑事诉讼法》第七十七条:被害人由于被告人的犯罪行为而遭受物质损失的,在刑事诉讼过程中,有权提起附带民事诉讼。

9.《民事诉讼法》第六十四条:当事人对自己提出的主张,有责任提供证据。

当事人及其诉讼代理人因客观原因不能自行收集的证据,或者人民法院认为审理案件需要的证据,人民法院应当调查收集。

人民法院应当按照法定程序,全面地、客观地审查核实证据。

10.《最高人民法院关于审理人身损害赔偿案件适用法律若干问题的解释》第二条:受害人对同一损害的发生或者扩大有故意、过失的,依照民法通则第一百三十一条的规定,可以减轻或者免除赔偿义务人的赔偿责任。但侵权人因故意或者重大过失致人损害,受害人只有一般过失的,不减轻赔偿义务人的赔偿责任。

11.《最高人民法院关于审理人身损害赔偿案件适用法律若干问题的解释》第十七条:受害人遭受人身损害,因就医治疗支出的各项费用以及因误工减少的收入,包括医疗费、误工费、护理费、交通费、住宿费、住院伙食补助费、必要的营养费,赔偿义务人应当予以赔偿。

受害人因伤致残的,其因增加生活上需要所支出的必要费用以及因丧失劳动能力导致的收入损失,包括残疾赔偿金、残疾辅助器具费、被扶养人生活费,以及因康复护理、继续治疗实际发生的必要的康复费、护理费、后续治疗费,赔偿义务人也应当予以赔偿。

受害人死亡的,赔偿义务人除应当根据抢救治疗情况赔偿本条第一款规定的相关费用外,还应当赔偿丧葬费、被扶养人生活费、死亡补偿费以及受害人亲属办理丧葬事宜支出的交通费、住宿费和误工损失等其他合理费用。

附录六

行政后勤类案件事前、事中应对方案

一、极易引发纠纷的风险点

1. 公司员工或劳务派遣人员驾驶公司车辆在公务活动中发生交通事故,导致第三方人身、财产损失,公司承担交强险及/或第三者责任商业险限额之外的赔偿责任。

2. 公司车辆未投保第三者责任商业险,导致公司承担交强险之外全部的赔偿金额,加大了公司的赔偿责任。

3. 公车私用或非公司员工借用公司车辆, 违反交通法规,造成交通事故,因公司无法证明事故发生在非公务活动中,导致公司承担赔偿责任。

4. 公司车辆在非公务活动中出现交通事故,造成人身伤害或财产损害, 公司作为车辆所有人对损害发生有过错,导致公司承担相应的赔偿责任。

5. 没有按照合同约定或因合同约定不明造成公司未按时交纳物业费、供暖费或电费等后勤费用，导致纠纷升级为诉讼，公司支付应付费用以外，还承担违约金及诉讼费用，扩大了公司损失。

6. 外包物业人员在提供物业管理服务时，因操作不当造成对第三方的人身、财产损害，导致公司可能承担赔偿责任。

7. 公司物业水管漏水造成第三方财产损失，导致公司承担赔偿责任。

8. 公司楼宇照明设施不符合规定，且未采取安全措施，导致他人人身伤害，公司承担赔偿责任。

二、事前防范措施

1. 除交强险外，公司车辆尽量投保第三者责任商业险。

2. 加强公司员工和劳务派遣人员的安全行车教育，做好道路安全驾驶的培训。

3. 加强车辆管理，建立健全车辆使用制度，严禁公司非公务用途使用车辆。

4. 加强后勤费用的支付管理。一是做好后勤费用支付工作，定期核查账目，确保及时足额支付款项。二是做好业务衔接管理，避免由于公司内部岗位调整、人员变动或个人原因等造成未及时支付款项。三是如因对方原因导致公司无法付款，公司应做好对方违约的证据收集与保全工作。

5. 加强后勤项目的合同管理。一是按照公司相关制度要求，做好合同的审签工作，完善合同条款内容，明确约定双方权利义务及违约责任。二是合同约定不明，或在合同履行期间发生重大变化需要变更合同条款的，应当及时与对方协商，签订补充协议或变更协议。

6. 完善物业外包合同条款，明确约定因物业公司提供物业服务不当，造成第三方人身损害或财产损失的，由物业公司承担相关责任。

7. 加强物业公司管理，督促物业公司做好物业管理人员的岗位培训和安全教育，避免因操作不当、业务不熟练造成财产、人身损害。

8. 对房屋的水、电、暖等基础设施及附属设施应及时巡查，发现隐患及时处理，采取妥善的防护措施，以避免发生损害后果。一旦出现事故应及时采取相应措施，防止损害后果的扩大。

9. 对第三方造成财产损害的，双方对赔偿金额争议较大的，可以委托评估机构对财产损失进行评估，以评估值作为确定赔偿金额的依据。

三、事中应对措施

1. 对于非公务活动中出现的交通事故，公司在诉讼中应及时举证不属于履行职务行为，应由驾驶员承担民事赔偿责任。

2. 对于在公务活动中发生的交通事故，首先应当妥善保护好事故现场，并在第一时间报警，并通知投保的保险公司，协助交警处理交通事故。根据交警出具的交通事故责任认定书中确定的责任比例承担法律责任。

3. 公司物业管理应严格按照物业管理合同中的约定实际履行,履行中若发现对方违约,应及时予以纠正,并以特快专递的方式向违约方送达书面函件,告知对方违约行为和法律后果。

4. 对于拒不按照物业管理合同约定履行的,公司应立即启动诉讼程序,依法解决纠纷,维护公司合法权益。

四、相关法律规定

1.《侵权责任法》第十六条:侵害他人造成人身损害的,应当赔偿医疗费、护理费、交通费等为治疗和康复支出的合理费用,以及因误工减少的收入。造成残疾的,还应当赔偿残疾生活辅助具费和残疾赔偿金。造成死亡的,还应当赔偿丧葬费和死亡赔偿金。

2.《侵权责任法》第三十四条:用人单位的工作人员因执行工作任务造成他人损害的,由用人单位承担侵权责任。

劳务派遣期间,被派遣的工作人员因执行工作任务造成他人损害的,由接受劳务派遣的用工单位承担侵权责任;劳务派遣单位有过错的,承担相应的补充责任。

3.《道路交通安全法》第八十九条:公安机关交通管理部门或者交通警察接到交通事故报警,应当及时赶赴现场,对未造成人身伤亡,事实清楚,并且机动车可以移动的,应当在记录事故情况后责令当事人撤离现场,恢复交通。对拒不撤离现场的,予以强制撤离。

对属于前款规定情况的道路交通事故，交通警察可以适用简易程序处理，并当场出具事故认定书。当事人共同请求调解的，交通警察可以当场对损害赔偿争议进行调解。

对道路交通事故造成人员伤亡和财产损失需要勘验、检查现场的，公安机关交通管理部门应当按照勘查现场工作规范进行。现场勘查完毕，应当组织清理现场，恢复交通。

4.《道路交通安全法》第九十一条：公安机关交通管理部门应当根据交通事故当事人的行为对发生交通事故所起的作用以及过错的严重程度，确定当事人的责任。

5.《天津市物业管理条例》第五十七条：

物业服务合同中约定的物业管理服务，应当包括下列主要内容：

（一）共用部位和共用设施设备的使用、维修、养护和管理；

（二）电梯、智能系统等设备的运行服务；

（三）环境卫生清扫保洁和绿地、树木、绿化设施的养护、管理；

（四）物业装饰装修的管理；

（五）车辆行驶和停放秩序的服务、管理；

（六）物业管理区域内公共秩序的服务、管理；

（七）物业资料的查询服务和管理；

（八）双方约定的其他物业管理服务内容。

附录七

房地产类案件事前、事中应对方案

一、极易引发纠纷的风险点

1. 购买或出售国有资产，未履行关于国有资产转让的相关审批程序。

2. 公司出租房产，承租方不按照合同约定支付租金，导致公司经济损失。

3. 公司出租房产，租赁合同到期后，承租方拒不腾房，导致公司无法实际占有、使用房屋。

4. 公司出租房产签订《房屋租赁合同》时，未以产权人为出租方，导致租赁合同的效力待定。

5. 公司出租房产，租赁合同到期后不再续期，出租方应提前通知承租人。否则，将造成租赁合同延期。

二、事前防范措施

1. 除可以直接协议转让的以外，国有资产转让应当在依法设立的产权交易场所公开进行，征集受让方。拟受让方为两个以上的，转让应当采用公开竞价的交易方式。

2. 场外协议转让主要适用于对于国民经济关键行业、领域的结构调整中对受让方有特殊要求，或者所出资企业内部资产重组中确需采取直接协议转让这两种情况。按照规定，这种场外协议转让必须经由省级以上国资委批准。

3. 资产评估是必经程序，通常转让价格不能低于资产评估的价格。

4. 加强对承租人支付租金的监督。发现承租人未按时支付租金的，及时催缴，并保留催缴证据。承租人拒不支付租金的，公司应当及时起诉，通过法律手段保护公司利益。

5. 租赁合同履行过程中因租金支付、房屋维修等问题出现争议，应当及时与承租人协商解决，并根据公司合同管理办法，签署相应的变更合同或者补充协议。

6. 公司作为出租方的，房屋租赁合同应当明确约定合同到期承租人应当按时搬离的义务及相应的违约责任。并约定如承租人有继续租赁的需求，应当在合同到期前书面提出要求。

三、事中应对措施

1. 国有资产转让，应严格按照《企业国有产权转让管理暂行办法》中规定的程序办理，聘请的评估和审计单位需为联通公司总部确认，且系天津市国资委认可的 14 家评估、审计机构。

2. 公司出租房产，应严格按照房屋租赁合同中的约定实际履行。在履行中，若发现承租人有任何违反合同约定或违法行为时，应立即与承租人进行交涉，并依法主张权利。

3. 承租人违约、违法时，公司需以书面形式向承租人发函，并以特快专递的形式送达，要求对方签收、回复。

4. 经催告，承租人不能履约时，公司应立即启动诉讼程序,依法解决纠纷,维护公司合法权益。

四、相关法律规定

1.《企业国有产权转让管理暂行办法》。

2.《天津市房屋租赁管理办法》第二十八条　承租人有下列行为之一的,出租人有权解除房屋租赁合同并收回房屋,因此而造成损失的,由承租人赔偿:

(一)利用房屋进行违法活动的;

(二)擅自拆改房屋结构或者故意损坏房屋主体结构的;

(三)擅自改变房屋用途的;

(四)擅自转租、转让、转借承租房屋的;

(五)拖欠租金累计六个月以上的;

(六)利用住宅房屋生产、储存、经营污染物或者易燃、易爆、有毒等危险物品的;

(七)其他违反房屋租赁合同约定情形的。

出租人发现承租人利用租赁房屋进行违法活动的,应当及时报告有关部门。